La trilogía del *éxito*

Autor con más de 5 millones de copias vendidas

WALLACE D. WATTLES

La trilogía del éxito

La ciencia de ser grandioso,
de estar bien y de hacerse rico

TALLER DEL ÉXITO

La trilogía del éxito

Copyright © 2019 - Taller del Éxito

Título original: *The Science of Being Great, The Science of Being Well, The Science of Getting Rich, How To Get What You Want.*

Traducción al español: Copyright © 2019 Taller del Éxito, Inc.

Reservados todos los derechos. Ninguna parte de esta publicación puede ser reproducida, distribuida o transmitida por ninguna forma o medio, incluyendo: fotocopiado, grabación o cualquier otro método electrónico o mecánico, sin la autorización previa por escrito del autor o editor, excepto en el caso de breves reseñas utilizadas en críticas literarias y ciertos usos no comerciales dispuestos por la Ley de Derechos de Autor.

Publicado por:
Taller del Éxito, Inc.
1669 N.W. 144 Terrace, Suite 210
Sunrise, Florida 33323
Estados Unidos
www.tallerdelexito.com

Editorial dedicada a la difusión de libros y audiolibros de desarrollo y crecimiento personal, liderazgo y motivación.

Corrección de estilo: Diana Catalina Hernández
Diseño de carátula y diagramación: Joanna Blandon
Director de arte: Diego cruz

ISBN: 978-1607387862

25 26 27 28 29 R|GIN 10 09 08 07 06

CONTENIDO

LA CIENCIA DE SER
grandioso
9

LA CIENCIA DE ESTAR
bien
85

LA CIENCIA DE HACERSE
rico
171

CÓMO OBTENER
lo que quieres
237

La ciencia de ser *grandioso*

WALLACE D. WATTLES

EL ORIGEN DEL PODER

En este capítulo introductorio explicaré de dónde viene el poder que hace a las personas geniales, grandiosas y llenas de éxito. Una vez entiendas de dónde proviene el poder, estarás listo para obtenerlo.

Cada persona tiene en sí misma un principio de poder. Cuando este poder se utiliza de forma inteligente y con intención clara, la persona es capaz de desarrollar sus propias facultades de la mente. No parece haber un límite en lo que respecta a cuánto es posible crecer o en cuál dirección. Aunque es cierto que nadie ha llegado a desarrollar todas sus facultades inmensamente, sin duda es posible para alguien el hacerse grandioso. La posibilidad ya se encuentra en cada quién. En realidad, ser genial es canalizar la omnisciencia en uno mismo. La genialidad es más que talento. El talento puede ser una facultad que se desarrolla más que otras, pero el verdadero genio es simplemente resultado de la unión entre la persona y lo supremo. Los grandes hombres y mujeres son siempre más grandes que sus actos. Ellos están en conexión con una reserva de poder que no tiene límites. No sabemos dónde están los límites de los poderes mentales de una persona; no sabemos siquiera si hay un límite.

El poder del crecimiento consciente no es dado a los animales inferiores, es únicamente de la especie humana y puede ser desarrollado y aumentado por la persona misma. El animal inferior puede, hasta cierto punto, ser entrenado, pero el ser humano puede entrenarse y desarrollarse a sí mismo. Solo las personas tienen ese poder, y lo tienen hasta un punto aparentemente ilimitado.

El propósito de la vida para el ser humano es el crecimiento, así como el propósito para los árboles y plantas es el crecimiento. Los árboles y plantas crecen automáticamente y a lo largo de líneas fijas. El ser humano puede crecer como lo desee. Los árboles y plantas únicamente pueden desarrollar ciertas posibilidades y características. La persona puede desarrollar cualquier poder que sea o haya sido demostrado por cualquier otro en cualquier lugar del mundo. Nada que sea posible en la mente es imposible en carne y hueso. Nada que el ser humano pueda pensar es imposible de llevar a la acción. Nada que la persona pueda imaginar es imposible de realizar. El ser humano está formado para el crecimiento y está bajo la necesidad de crecer. Es esencial para su felicidad que deba estar continuamente en progreso.

La vida sin progreso se hace insoportable, y la persona que detiene el crecimiento, carece de visión. Cuanto más grande, más armonioso y más libre sea su crecimiento, más feliz será el ser humano.

No hay posibilidades en una persona que no estén en todas; pero si proceden naturalmente, dos personas no crecerán hacia la misma cosa o serán parecidas.

Todos los hombres y mujeres vienen al mundo con una predisposición a crecer a lo largo de ciertas líneas, y el crecimiento es más fácil a lo largo de esas líneas que en cualquier otro sentido. Este es un suministro sabio, porque brinda una variedad interminable. Es como si un jardinero arrojara todas sus semillas en una canasta; para el observador superficial, se verían similares, pero el crecimiento revelaría una diferencia tremenda. Entonces, en cuanto a los hombres y mujeres, son como una canasta de semillas. Alguien puede ser una rosa y agregar brillo y color a algún rincón oscuro del mundo. Alguien puede ser una azucena y enseñar una lección de amor y pureza a cada ojo que vea. Otro puede ser una enredadera trepadora y esconder los contornos rugosos de alguna piedra oscura. Alguien puede ser un gran roble, y entre sus ramas harán nido y cantarán los pájaros, y bajo su sombra descansarán los rebaños al mediodía. Todos serán algo que valga la pena, algo poco común, algo perfecto.

Estas son posibilidades impensadas en las vidas comunes alrededor de nosotros. En un gran sentido, no hay personas "comunes". En tiempos de estrés y contingencia nacional, el haragán del almacén de la esquina y el borracho del pueblo se convierten en héroes y las personas que dirigen el estado buscan un aceleramiento del principio de poder dentro de ellos. Hay un genio en cada hombre y mujer esperando ser llevado al frente. Cada pueblo tiene su gran hombre o mujer, alguien al cual todos acuden por consejo en tiempos de problemas, alguien que sea reconocido instintivamente por ser magnífico en sabiduría y percepción. A tal persona, se dirigen las mentes de toda la comunidad en tiempos de crisis local. Esa persona es reconocida tácticamente como una persona grandiosa, porque hace pequeñas cosas en una manera magnífica.

Esta persona podría hacer cosas magníficas si las emprendiera; también lo puede hacer cualquiera; también tú puedes hacerlas.

El principio de poder nos brinda simplemente lo que le pedimos. Si solo emprendemos cosas pequeñas, nos da poder para cosas pequeñas. Si intentamos hacer cosas grandes en una manera grande, nos da todo el poder que hay. Ten cuidado de emprender cosas grandes de una manera pequeña; de eso hablaremos más adelante.

Hay dos actitudes mentales que una persona puede tomar. Una lo hace como si fuera una pelota de fútbol: tiene elasticidad y reacciona fuertemente cuando se aplica fuerza sobre ella, pero no origina nada, nunca actúa por sí misma. No hay poder dentro de ella. Las personas de este tipo son controladas por las circunstancias y el ambiente, sus destinos son decididos por cosas externas a ellas. El principio de poder dentro de ellas nunca está realmente activo en absoluto. Nunca hablan o actúan desde adentro. La otra actitud hace a alguien como un manantial fluyente. El poder surge del centro. Tiene dentro una fuente de agua brotando hacia una vida eterna. Esta persona irradia fuerza, se siente en su ambiente. El principio de poder en ella actúa constante. Es auto activo. "Tiene vida en sí mismo".

Ningún bien mayor ni más importante puede llegar a cualquier hombre o mujer que hacerse auto activo. Todas las experiencias de la vida están designadas para forzar a la actividad, para obligar a dejar de ser criaturas dominadas por las circunstancias y dominar su ambiente. En su más baja representación, el ser humano es un niño de coincidencias, circunstancias y es esclavo del temor. Sus actos son todas reacciones resultantes de las imposiciones de las fuerzas del ambiente sobre él. Actúa solamente en el modo en que se actúa sobre él. Pero sin importar quién sea, todas las personas tienen dentro un principio de poder suficiente como para dominar todo lo que se teme. Si se aprende esto y la persona se convierte en auto activo, se convierte en uno de los dioses.

El despertar del principio de poder en el ser humano es la conversión real, el pase de la muerte a la vida. Es la resurrección y la vida. Cuando es despertado, el ser humano entra en contacto con lo supremo y todo el poder le es brindado en el cielo y la tierra. Nada estuvo alguna vez en algún ser humano que no esté en ti. Ninguna persona tuvo alguna vez más poder espiritual o mental que el que tú puedes obtener o hizo mejores cosas de las que puedes lograr. Tú puedes convertirte en lo que quieras ser.

HERENCIA Y OPORTUNIDAD

Tú no estás limitado para lograr grandeza debido a la herencia. No importa quién o qué hayan sido tus ancestros o qué tan ignorantes o bajo haya sido su estatus, el camino hacia arriba está abierto para ti. No existe eso de heredar una posición mental fija; no importa qué tan pequeño haya sido el capital mental que recibimos de nuestros padres, puede ser aumentado; ninguna persona nace incapaz de crecer.

La herencia cuenta para algo. Nacemos con una tendencia mental subconsciente, por ejemplo, una tendencia a la melancolía, a la cobardía o al mal carácter, pero todas estas tendencias subconscientes pueden ser superadas.

Cuando una persona real se despierta y va hacia delante, puede arrojar los obstáculos fuera muy fácilmente.

Nada de este tipo tiene por qué mantenerla decaída. Si tú has heredado tendencias mentales indeseables, puedes eliminarlas y colocar tendencias deseables en su lugar. Una cualidad mental heredada es un hábito de pensamiento de tu madre o tu padre impresionado sobre tu mente subconsciente.

Puedes sustituir la impresión opuesta formando el hábito opuesto al pensamiento. Puedes sustituir un hábito de alegría en donde había una tendencia al desaliento, puedes sobreponerte a la cobardía o al mal carácter.

La herencia puede contar para algo, también, en una conformación heredada del cráneo. Es cierto que las diferentes facultades están localizadas en el cerebro y que el poder de la facultad depende del número de células cerebrales activas en esa área. Una facultad cuya área cerebral es grande, es probable que actúe con más poder que aquella cuya sección craneal es pequeña. Por lo tanto, las personas con cierta conformación del cráneo muestran talento como músicos, oradores, mecánicos, etc. Ha sido discutido esto de que la conformación craneal de una persona debe, en gran medida, decidir su estado en la vida. Esto es un error.

Ha sido descubierto que una pequeña sección del cerebro, con muchas células excelentes y activas, le da tan poderosa expresión a las facultados como lo hace el cerebro más grande. Y ha sido descubierto que, por dirigir el principio de poder hacia cualquier sección del cerebro, con la voluntad y el propósito de desarrollar un talento en particular, las células cerebrales pueden ser multiplicadas indefinidamente.

Cualquier facultad, poder o talento que poseas, no importa qué tan pequeño o rudimentario, puede ser aumentado. Tú puedes multiplicar las células cerebrales en esta área en particular hasta que actúe poderosamente como deseas. Es cierto que puedes actuar más fácilmente a través de aquellas facultades que están ahora más grandemente desarrolladas. Puedes hacer, con el menor esfuerzo, las cosas que "surgen naturalmente". Sin embargo, es también cierto que, si realizas los esfuerzos necesarios, puedes desarrollar cualquier talento.

Tú puedes hacer lo que desees hacer y convertirte en lo que quieres ser.

Cuando te fijas un ideal y procedes como se indicará a continuación aquí, todo el poder de tu ser será dirigido hacia las facultades requeridas en la realización de ese ideal, más fuerza de sangre y nervio dirige a las secciones correspondientes del cerebro, más células serán agilizadas, aumentadas y multiplicadas en número.

La utilización correcta de la mente construirá un cerebro capaz de hacer lo que la mente quiera hacer.

El cerebro no hace al ser humano, el ser humano hace el cerebro. Tu lugar en la vida no está fijado por la herencia.

Tú no estás condenado a niveles inferiores por las circunstancias o por la falta de oportunidad. El principio de poder en el ser humano es suficiente para todos los requerimientos de tu alma. Ninguna combinación posible de circunstancias puede mantenerte abajo si tienes una correcta actitud personal y determinas elevarte.

El poder que ha formado al ser humano y le ha dado el propósito para el crecimiento también controla las circunstancias de la sociedad, de la industria y del gobierno. Este poder nunca es dividido en contra de sí mismo. El poder que está en ti está en las cosas alrededor tuyo, y cuando comienzas a moverte hacia delante, las cosas se acomodarán para tu ventaja, como se describe en los capítulos posteriores de este libro.

El ser humano fue formado para el crecimiento. Todas las cosas externas fueron diseñadas para promover su crecimiento. Tan pronto como despierta su alma, la persona ingresa en el camino del progreso al encontrar que no solo lo supremo está para ella, sino también lo están la naturaleza, la sociedad y sus pares. Todas las cosas trabajan juntas para su bien si obedece la ley. La pobreza no es obstrucción para la grandeza, porque la pobreza siempre puede ser eliminada.

Martín Luther, cuando era niño, gritó en las calles por pan. Linnaeus, el naturalista, tenía solamente cuarenta dólares con los cuales educarse. Él reparaba sus propios zapatos y comúnmente tenía que mendigar comidas de sus amigos. Hugh Miller, aprendiz de un albañil de piedras, comenzó a estudiar geología en una cantera. George Stephenson, inventor de la máquina locomotora y uno de los más grandes ingenieros civiles, era un minero de carbón que trabajaba en una mina cuando se despertó y comenzó a pensar. James Watt era un niño enfermo y no era lo suficientemente fuerte como para ser enviado al colegio. Abraham Lincoln era un niño pobre. En cada uno de estos casos, vemos un principio de poder que eleva a la persona sobre cualquier oposición y adversidad.

Hay un principio de poder en ti. Si lo utilizas y aplicas en un CIERTO MODO, puedes superar toda herencia, dominar todas las circunstancias y condiciones, y convertirte en una personalidad magnífica y poderosa.

LA FUENTE DE PODER

El cerebro, el cuerpo, la mente, las facultades y los talentos del ser humano son los meros instrumentos que utiliza para demostrar grandeza. Estos, en sí mismos, no lo hacen grande. Una persona puede tener un cerebro grande y una mente buena, facultades potentes y talentos brillantes y, aun así, no ser alguien gradioso, a menos que utilice todos estos atributos en un gran modo. Esa cualidad que permite que el ser humano utilice sus habilidades en un gran modo es lo que lo hace grande; y a esa cualidad le damos el nombre de sabiduría. La sabiduría es la base esencial de la grandeza.

La sabiduría es el poder para percibir los mejores fines a los cuales aspirar y el mejor medio para alcanzar esos fines. Es el poder de percibir cuál es la acción correcta. Quien sea lo suficientemente bueno como para desear hacer únicamente lo correcto y sea capaz y suficientemente fuerte, esta persona es verdaderamente grande.

Aquella persona será marcada instantáneamente como una personalidad de poder en cualquier comunidad y todos se deleitarán y le harán honor. La SABIDURÍA es dependiente del conocimiento. Donde hay completa ignorancia, no puede haber sabiduría ni conocimiento de la acción correcta.

El conocimiento del hombre es comparativamente limitado y entonces su sabiduría debe ser pequeña, a menos que pueda conectar su mente con un conocimiento mayor que el propio y tomar de este, por medio de la inspiración, la sabiduría que sus propias limitaciones le niegan. Esto se puede hacer, es lo que los hombres y mujeres realmente grandes han hecho.

El conocimiento del hombre es limitado e incierto; por lo tanto, no puede tener sabiduría en sí mismo. Solamente lo supremo conoce toda la verdad. Solamente aquello puede tener sabiduría real o conocer la acción correcta en todo momento. La buena nueva es que el ser humano puede recibir sabiduría de aquello supremo y divino. Procedo a brindarles un ejemplo.

Abraham Lincoln tenía educación limitada, pero tenía el poder para percibir la realidad. En Lincoln, vemos eminentemente el hecho de que la sabiduría real consiste en saber hacer lo correcto en todo momento y en todas las circunstancias, en tener la voluntad para hacer lo correcto, y en tener talento y habilidad suficiente para ser competente y capaz de hacer lo correcto. Tiempo atrás, en los días de la agitación de la abolición y durante el período de compromiso, cuando todos los otros estaban más o menos confundidos en cuanto a qué era correcto o qué debía ser hecho, Lincoln nunca estuvo inseguro. Él vio a través de los argumentos superficiales de la pro esclavitud; él vio, también, la impracticabilidad y fanatismo de los abolicionistas; él vio los fines correctos a los cuales aspirar y los mejores medios para lograr esos fines. Fue porque él reconoció que percibía la verdad y sabía lo correcto para hacer, por lo que lo hicieron presidente. Cualquier ser humano que desarrolle el poder para percibir la realidad y pueda demostrar que siempre sabe lo correcto para hacer y que pueden confiar en él para hacer lo correcto, será honorado y avanzará. El mundo entero está buscando ávidamente a tales personas.

Cuando Lincoln se convirtió en presidente, fue rodeado por una multitud de, así llamados, "consejeros capaces" y difícilmente dos de estos estaban de acuerdo. Por momentos, todos estaban opuestos a sus políticas; por momentos, casi todo el Norte estaba opuesto a lo que él proponía. Sin embargo, Lincoln vio la verdad cuando otros fueron engañados por las apariencias, su juicio rara vez era errado. Era, a la vez, el mejor hombre de estado y el mejor soldado del período. ¿Dónde, un hombre comparativamente ignorante, consiguió su sabiduría? No se debía a alguna formación peculiar de su cráneo ni a alguna excelente textura de su cerebro. No se debía a alguna característica física. No era siquiera una calidad de mente debida a un poder de razonamiento superior. La sabiduría de la verdad no se alcanza comúnmente por el proceso de la razón. La sabiduría era debida a una percepción espiritual. Él percibía la verdad, pero ¿dónde la percibía y cuándo llegó esta percepción?

Vemos algo similar en Washington, cuya fe y coraje, debidos a su percepción de la verdad, mantuvieron a las colonias juntas durante la larga y aparentemente desesperanzada lucha de la Revolución.

Vemos algo de lo mismo en el genio fenomenal de Napoleón, quien siempre supo, en temas militares, los mejores medios a adoptar. Vemos que la grandeza de Napoleón estaba en la naturaleza más que en Napoleón, y descubrimos detrás de Washington y Lincoln algo mayor que ambos. Vemos lo mismo en todos los grandes hombres y mujeres.

Ellos perciben la verdad, pero la verdad no puede ser percibida hasta que exista; y no puede haber verdad hasta que haya una mente para percibirla. La verdad no existe apartada de la mente. Washington y Lincoln estaban en contacto y comunicación con una mente que sabía todo el conocimiento y contenía toda la verdad. Esto es el caso para todos los que manifiestan sabiduría.

La sabiduría se obtiene al leer la mente de lo supremo y divino.

LA MENTE SUPERIOR

Hay una inteligencia cósmica que está en todas las cosas y a través de todas las cosas. Esta es la sustancia real única. De ella proceden todas las cosas. Es sustancia inteligente o materia de mente. Es lo divino y lo supremo.

Donde no hay sustancia, no puede haber inteligencia. Donde no hay sustancia, no hay nada. Donde hay pensamiento, debe haber una sustancia que piense.

El pensamiento no puede ser función, porque la función es movimiento y es inconcebible que el solo movimiento piense.

El pensamiento no puede ser vibración, porque la vibración es movimiento, y que el movimiento sea inteligente es impensable.

El movimiento no es nada más que el movimiento de sustancia. Si hay demostración de inteligencia, debe ser en la sustancia y no en el movimiento.

El pensamiento no puede ser el resultado de movimientos en el cerebro. Si el pensamiento está en el cerebro, debe estar en la sustancia del cerebro y no en los movimientos que hace la sustancia cerebral. Con todo, el pensamiento no está en la sustancia cerebral, ya que la sustancia cerebral, sin vida, es bastante ignorante y muerta. El pensamiento, entonces, está en el principio de la vida que anima al cerebro, en el espíritu de la sustancia que es el hombre real. El cerebro no piensa, el ser humano piensa y expresa sus pensamientos a través del cerebro.

Hay una sustancia espiritual que piensa. Al igual que la sustancia espiritual del hombre hace permeable su cuerpo y piensa y conoce en el cuerpo, también la sustancia espiritual original hace permeable toda la naturaleza y piensa y conoce la naturaleza.

La naturaleza es tan inteligente como los humanos y conoce más que el hombre. La naturaleza conoce todas las cosas. La mente del todo ha estado en contacto con todas las cosas desde el comienzo y contiene todo el conocimiento. Las experiencias del ser humano cubren unas pocas cosas, y estas cosas el hombre las conoce, pero la experiencia de lo supremo cubre todas las cosas que han sucedido desde la creación, desde la destrucción de un planeta o el pasar de un cometa hasta la caída de un gorrión. Todo lo que es y todo lo que ha sido están presentes en la inteligencia que está envuelta alrededor nuestro y que nos circunda y nos presiona de todos lados.

Todas las enciclopedias que el ser humano ha escrito son sobre temas triviales comparados con el vasto conocimiento sostenido por la mente en la cual los seres humanos viven, se mueven y tienen su ser.

Las verdades que el ser humano percibe por inspiración son pensamientos sostenidos en su mente. Si no fueran pensamientos, la persona no podría percibirlos, porque no tendrían existencia. Estos pensamientos no podrían existir como pensamientos a menos que haya una mente para que ellos existan en ella. Y, finalmente, una mente no puede ser otra cosa que una sustancia que piensa.

Nosotros somos sustancia pensante, una porción de la sustancia cósmica, pero el ser humano es limitado, mientras que la inteligencia cósmica de la cual surgió es ilimitada. Toda la inteligencia, poder y fuerza proviene de aquello superior.

En la religión cristiana, por ejemplo, Jesús reconoció esto y lo especificó muy sencillamente. Una y otra vez, él adscribía toda su sabiduría y poder a su unidad con el padre y a su percibir los pensamientos de Dios. "Mi padre y yo somos uno", decía. Este era el cimiento de su conocimiento y poder. Jesús les demostró a las personas la necesidad de convertirse en espiritualmente despiertos, de escuchar su voz y hacerse como él. Jesús comparó al hombre sin pensamiento que es presa de las circunstancias con el hombre muerto en una tumba, y le suplicó que escuchase y viniese al frente. "Dios es espíritu", dijo: "Nace nuevamente, despiértate espiritualmente y podrás ver el reino. Escucha mi voz, mira lo que soy y lo que hago, ven adelante y vive. Las palabras que hablo son espíritu y vida: acéptalas y causarán que una fuente de agua brote dentro de ti. Entonces, tendrás vida dentro de ti". Jesús dijo: "Hago lo que veo que hace el Padre", queriendo decir que él podía leer los pensamientos de Dios. "El Padre muestra todas las cosas al hijo". "Si algún hombre tiene la voluntad para hacer la voluntad de Dios, él sabrá la verdad". "Mi enseñanza no es mía propia, pero de Él que me mandó". "Tú sabrás la verdad y la verdad te hará libre." "El espíritu debe guiarte hacia toda la verdad".

Estamos inmersos en la mente y la mente contiene todo el conocimiento y toda la verdad. La mente superior está buscando brindarnos este conocimiento, porque se deleita en dar buenos regalos a sus hijos.

Los profetas, adivinadores y grandes hombres y mujeres en el pasado y presente fueron hechos grandes por lo que recibieron de aquello superior y divino, no por la enseñanza que recibieron de otros. Esta reserva sin límites de sabiduría tiene poder y está abierta para ti. Tú puedes extraer de esta tanto como desees de acuerdo a tus necesidades. Tú puedes hacer de ti mismo lo que deseas ser.

Estas son las buenas noticias que tengo para ti. Tú puedes hacer lo que deseas. Tú puedes tener lo que quieras.

Para lograr esto, debes aprender a convertirte en uno con lo supremo. Así, podrás percibir la verdad, y tendrás la sabiduría y el conocimiento de los fines correctos para buscar los medios que se deben utilizar para obtener esos fines. Entonces, podrás asegurar poder y habilidad para utilizar esos medios.

Al cerrar este capítulo, resuelve que ahora dejarás de lado todo lo demás y te concentrarás en la obtención de la unidad consciente con lo superior y divino.

"Oh, cuando estoy a salvo en mi lugar selvático,
transito en el orgullo de Grecia y Roma.
Y cuando estoy estirado debajo de los pinos,
donde la estrella de la noche brilla tan sagrada,
me río del saber y orgullo del hombre,
de las escuelas Sofistas y el clan de eruditos.
¿Qué son todos en su alta presunción,
Cuando, en el matorral,
el ser humano se puede encontrar
con Dios?".

PREPARACIÓN

"Acércate a lo divino y lo divino se acercará a ti".

Si te vuelves uno con lo divino, podrás leer sus pensamientos. Si no lo haces, encontrarás imposible la percepción inspiradora de la verdad.

En realidad, nunca podrás convertirte en un gran hombre o una gran mujer hasta que hayas superado la ansiedad, la preocupación y el temor. Es imposible para una persona ansiosa, preocupada o temerosa percibir la verdad. Todas las cosas son distorsionadas y arrojadas de sus propias relaciones por tales estados mentales, y los que están dentro de ellos no pueden leer los pensamientos de lo divino. Si eres pobre o estás ansioso por los negocios o temas financieros, se te recomienda estudiar cuidadosamente el volumen de esta serie *La ciencia de hacerse rico*. Este presentará para ti una solución a tus problemas de esa naturaleza, no importa qué tan grandes y complicados parezcan ser. No hay la menor causa por la cual preocuparse acerca de asuntos financieros. Todas las personas que deseen hacerlo pueden elevarse sobre lo que quieren, tener todo lo que necesitan y hacerse ricos. La misma fuente sobre la cual propusiste extraer la revelación mental y el poder espiritual está a tu servicio para el abastecimiento de todos los requerimientos materiales. Estudia esta verdad hasta que esté fijada en tus pensamientos y hasta que la ansiedad se haya desvanecido de tu mente. Ingresa al modo adecuado que conduce a las riquezas materiales.

Nuevamente, si estás ansioso o preocupado acerca de tu salud, reconoce que es posible para ti lograr una salud perfecta y poder tener fuerza suficiente para todo lo que deseas hacer y más. Esa inteligencia que está lista para darte tu riqueza, poder mental y espiritual se regocijará en darte también tu salud. La salud perfecta es tuya si la pides, si solo obedeces las leyes simples de la vida y vives correctamente. ¡Derrota a la enfermedad y elimina el temor!

Con todo, no es suficiente elevarte sobre las ansiedades físicas, financieras y tu preocupación. Tú debes elevarte también sobre la maldad moral. Haz sonar tu conciencia interna ahora, en cuanto a los motivos que lo hacen actuar, y asegúrate de que son correctos. Debes expulsar la lujuria y terminar de ser regido por el apetito; debes comenzar a gobernar tu apetito. Debes comer solo para satisfacer al hambre, nunca por el placer de la glotonería. En todas las cosas, debes hacer que la carne obedezca al espíritu.

Igualmente, debes dejar de lado la avaricia y no tener ningún motivo indigno en tu deseo de hacerte rico y poderoso. Es legítimo y correcto desear riquezas si las quieres por el bien del alma, pero no si las quieres para la lujuria de la carne.

Rechaza el orgullo y la vanidad. No pienses en tratar de imponerte sobre los otros o de superarlos. Este es un punto vital. No hay tentación tan insidiosa como el deseo egoísta de gobernar sobre otros. Nada en el mundo tiene tanto encanto para el hombre o la mujer promedio que sentarse en los lugares más altos en las fiestas, ser saludados respetuosamente en el mercado y ser llamado maestro.

Ejercitar algún tipo de control sobre otros es el motivo secreto de cada persona egoísta. La lucha por el poder sobre otros es la batalla del mundo competitivo, y tú debes elevarte sobre ese mundo y sus motivos y aspiraciones, y solamente buscar la vida. Rechaza la envidia. Tú puedes tener todo lo que quieres y no necesitas envidiarle a nadie lo que tiene. Sobre todas las cosas, intenta no sustentar maldad o enemistad; hacer esto te aleja de la mente cuyos tesoros buscas hacer propios. "Aquel que no ama a su hermano o hermana, no ama a Dios". Deja de lado toda ambición personal y determina buscar el bien más alto y no ser persuadido por ningún egoísmo indigno.

Repasa todo lo anterior y coloca estas tentaciones morales fuera de tu corazón una a una. Determina mantenerlas fuera. Luego, resuelve que no solo abandonarás todo pensamiento perverso, sino que renunciarás también a todas las acciones, hábitos y cursos de acción que no se encomienden a tus ideales más nobles. Esto es supremamente importante. Efectúa esta resolución con todo el poder de tu alma y estarás listo para el próximo paso hacia la grandeza que encontrarás explicado en el capítulo siguiente.

EL PUNTO DE VISTA SOCIAL

"Sin fe, es imposible complacer a lo divino". Sin fe es imposible que te hagas grande. Las características distinguidas de todos los hombres y mujeres realmente grandes es una fe decidida. Vemos esto en Lincoln durante los oscuros días de la guerra; lo vemos en Washington en Valley Forge; y lo vemos en los misioneros inválidos en Livingstone, enhebrando los laberintos del oscuro continente, su alma en llamas con la determinación de echar luz sobre el comercio de esclavos que su alma aborrecía; lo vemos en Luther, y en Frances Willard, en cada hombre y mujer que ha obtenido un lugar entre los más grandes del mundo.

Se trata de una fe no solo en uno mismo o en los poderes propios de uno, sino fe en el principio, en algo grande que sostiene lo correcto y en quien podemos confiar para que nos dé la victoria en el debido tiempo. Sin esta fe, no es posible para nadie elevarse a la grandeza real.

Quien no tiene fe en el principio siempre será pequeño. Tener esta fe o no depende de tu punto de vista. Debes aprender a ver el mundo como un producto de la evolución, como algo que está evolucionando y convirtiéndose, no como un trabajo terminado. Millones de años atrás, aquello superior trabajó con formas de vida muy elementales y bajas, pero, aunque elementales y bajas, aun así, cada una perfecta en su tipo. Organismos más complejos y elevados, animales y vegetales, aparecieron a través de las edades sucesivas. La tierra pasó etapa tras etapa en su revelación. Cada etapa perfecta en sí misma y lista para ser superada por una más alta. Lo que deseo que notes es que los llamados "organismos inferiores" son tan perfectos a partir de su tipo como los más elevados, y el mundo en el período del Eoceno era perfecto para ese período. Todo era perfecto, pero el trabajo no estaba terminado. Esto es cierto también en el mundo de hoy. Físicamente, socialmente e industrialmente, todo es bueno y todo es perfecto. Sin embargo, no está completo en ningún lado ni en ninguna parte. *Este debe ser tu punto de vista: que el mundo y todo lo que contiene es perfecto, pero no ha sido completado.*

"*Todo está correcto en el mundo*". Este es un gran hecho. No hay nada equivocado. No hay nada malo con nadie. Debes contemplar todos los hechos de la vida desde este punto de vista . No hay nada malo con la naturaleza. La naturaleza es una gran presencia progresiva, trabajando beneficiosamente para la felicidad de todos. Todas las cosas, por naturaleza, son buenas, no hay maldad. La naturaleza no está completa, porque la creación todavía no ha terminado, pero ella continúa para darle al ser humano incluso más abundantemente lo que le ha dado en el pasado. La naturaleza es una expresión parcial de lo divino y lo divino es amor. La naturaleza es perfecta, pero no está completa.

Así también la sociedad humana y el gobierno. Aunque haya confianza y combinación de capital, pero también paros y cierres forzosos, etc., todas esas cosas son parte del movimiento hacia delante, son incidentales al proceso de evolución de la sociedad en vías de plenitud. Cuando la evolución esté completa, no habrá más de estas inarmonías. Te invito a contemplar la idea de que todo es bueno. Observa a la sociedad, al gobierno y a la industria como los pasos a la perfección, avanzando rápidamente hacia ser completas. Entonces, entenderás que no hay nada que temer, ninguna causa para la ansiedad, nada por qué preocuparte. Nunca te quejes de ninguna de estas cosas. Son perfectas. Este es el mejor mundo posible para el estado de desarrollo al que el hombre ha llegado.

Lo que estoy diciendo puede sonar como un montón de tonterías para muchos. ¡Qué!, dirán, ¿acaso el trabajo infantil y la explotación de los hombres y mujeres en fábricas sucias e insalubres no son cosas malas? ¿Quieres decir que debemos aceptar todo esto y llamarlo bueno?

Nada mejor es posible hasta que dejemos de ser inferiores mentalmente en las industrias y los negocios, y nos convirtamos en hombres y mujeres dignos de algo diferente y mejor. Esto solo puede surgir de la elevación de toda la humanidad a un punto de vista más alto. Y esto solo puede surgir por la elevación de tales individuos de aquí y de allá, a medida que estén listos para un punto de vista más alto. La cura para todas estas inarmonías yace en los maestros y empleadores, y en los trabajadores mismos.

Cada vez que estas personas lleguen a un punto de vista más alto, cada vez que ellos deseen hacerlo, podrán establecer hermandad y armonía completa en la industria, y tendrán los números y el poder. Ellos estarán obteniendo ahora lo que desean. Cada vez que deseen más en el sentido de una más alta, más pura y más armoniosa vida, recibirán más. Es cierto, desean más ahora, pero solo quieren más de las cosas que hacen para conseguir un regocijo animal, y entonces la industria permanece en el estado inferior, brutal, animal. Cuando las personas comiencen a elevarse al plano mental de vivir y pidan más cosas que hacen a la vida de la mente y el alma, la industria inmediatamente se elevará sobre el plano de la brutalidad.

Si una mayoría de las personas desean estas cosas inferiores, las obtienen. Cuando una mayoría desee un mundo sin tales discordias, crearán dicho mundo. Mientras los hombres y mujeres estén en el plano del pensamiento bestial, mientras el orden social sea en parte desorden y demuestre manifestaciones bestiales, las personas harán de la sociedad lo que es. Cuando las personas se eleven sobre los pensamientos bestiales, la sociedad se elevará sobre lo bestial en sus manifestaciones.

Todo esto no te impide trabajar para cosas mejores. Tú puedes trabajar para completar una sociedad sin terminar, en lugar de hacerlo para renovar una decadente. Tú puedes trabajar con un mejor corazón y un espíritu más colaborador. Esto hará una inmensa diferencia con tu fe y espíritu, ya sea que tú contemples la civilización como una cosa buena que se está haciendo mejor o como una cosa mala y perversa que está decayendo. Un punto de vista te dará una mente progresiva y expansiva, y el otro te dará una mente decadente y diminutiva. Un punto de vista te hará crecer más grande y el otro te causará inevitablemente que te haga más pequeño. Uno te permitirá trabajar por las cosas eternas, hacer grandes trabajos en un gran modo hacia la plenitud de todo lo que está incompleto e inarmónico; y el otro te hará un mero reformador, reparando casi sin esperanzas para salvar unas pocas almas perdidas de lo que creerás que es un mundo perdido y condenado. Entonces, te darás cuenta de cuenta cómo hace una gran diferencia este tema del punto de vista social. "Todo está bien con el mundo. No es posible que nada pueda estar mal excepto mi actitud personal, y haré eso bien. Veré los hechos de la naturaleza y todos los eventos, circunstancias y condiciones de la sociedad, política, gobierno e industria desde el punto de vista más alto. Todo está bien, aunque incompleto".

EL PUNTO DE VISTA INDIVIDUAL

Es importante el tema de tu punto de vista sobre los hechos de la vida social. También lo es tu punto de vista sobre tus pares, conocidos, amigos, parientes, familia inmediata y, más que todo, sobre ti mismo. Debes aprender a no mirar al mundo como una cosa perdida y decadente, sino como a algo que está encaminado hacia la más bella plenitud. Debes aprender a ver al hombre y a la mujer no como cosas perdidas y malvadas, sino como seres progresando para hacerse completos. No hay personas "malas" o "perversas", hay personas buenas que están fuera del sendero. Ellas no necesitan condenación o castigo, solo necesitan colocarse en las vías nuevamente.

Aquello que es incompleto nos parece generalmente maligno por la manera en que nos hemos entrenado para pensar. La raíz de un bulbo que producirá una azucena blanca es una cosa invisible, uno puede mirarla con disgusto. Pero qué tontos seríamos en condenar al bulbo por su apariencia, cuando sabemos que la azucena está dentro de él. La raíz es perfecta dentro de su clase, es una azucena perfecta pero incompleta. Así debemos aprender a mirar a cada hombre y mujer sin importar qué tan desagradable sean en su manifestación externa. Ellos son de acuerdo con su etapa de ser y están completándose. Sostén la idea de que todo es bueno.

Una vez que arribamos a la comprensión de este hecho y llegamos a este punto de vista, perdemos todo deseo de encontrar fallas en las personas, de juzgarlas, de criticarlas o de condenarlas. No trabajamos más como aquellos que están salvando almas perdidas, pero sí lo hacemos como aquellos que están entre los ángeles, trabajando en la compleción de un paraíso glorioso.

Nacemos del espíritu y vemos el reino de lo divino. No vemos más al ser humano como un árbol que camina, pero nuestra visión es completa. No tenemos nada excepto buenas palabras para decir. Todo es bueno, una humanidad convirtiéndose en plena. Y en nuestra asociación con el ser humano, esta idea nos coloca en una actitud mental expansiva y creciente, nos permite ver a los demás y a nosotros mismo como grandes seres y comenzamos a tratar con los demás y sus temas en un gran modo.

Sin embargo, si caemos en el otro punto de vista y vemos una humanidad perdida y degenerada, nos encogemos en la mente contraída, y nuestro trato con los demás y sus asuntos será en un modo pequeño y contraído. Recuerda sostener firmemente este punto de vista. Si lo haces, no puedes fracasar en comenzar inmediatamente a tratar a tus conocidos y vecinos y tu propia familia como una gran personalidad trata con el ser humano. Con este mismo punto de vista, tú te puedes respetar a ti mismo.

Siempre debes verte a ti mismo como una gran alma en progreso. Aprende a decir: "En mí se encuentra aquello de lo cual yo estoy hecho, que no conoce imperfección, debilidad o enfermedad. El mundo está incompleto, pero lo supremo en mi propia conciencia está perfecto e incompleto. Nada puede estar mal, excepto mi actitud personal, y mi actitud personal puede estar mal únicamente cuando desobedezco a lo que está dentro. Soy una manifestación perfecta de lo divino hasta donde he llegado, y seguiré insistiendo para estar completo. Confiaré y no estaré asustado". Cuando seas capaz de decir esto habiéndolo entendido, habrás perdido todo el temor y estarás muy avanzado en el camino del desarrollo de una personalidad grande y poderosa.

ENTREGA

Habiendo alcanzado el punto de vista que te coloca en las relaciones correctas con el mundo y con tus pares, el próximo paso es la entrega. La entrega, en su verdadero sentido, simplemente significa obediencia al alma. Dentro de ti, tienes aquello que está siempre empujándote hacia el modo superior y avanzado. Ese algo que te empuja es el principio de poder divino. Debes obedecerlo sin cuestionarte. Nadie negará la declaración de que, si debes ser grande, la grandeza será una manifestación de algo que llevas adentro. Tampoco puedes cuestionar que este "algo" debe ser lo más grande y elevado que haya dentro.

No es la mente, el intelecto o la razón.

No puedes ser grande si no vas más lejos que tus principios y llegas a tu poder de razonamiento. Las razones no conocen principio ni moralidad. Tu razón es como un abogado que defenderá a ambos lados. El intelecto de un ladrón planeará un asalto y asesinato tan rápidamente como el intelecto de un santo planeará una gran filantropía. El intelecto nos ayuda a ver los mejores medios y maneras de hacer lo correcto, pero el intelecto nunca nos demuestra lo correcto. El intelecto y la razón sirven a la persona egoísta para sus fines egoístas tan rápidamente como sirven a la persona generosa para sus fines generosos. Utiliza el intelecto y la razón sin consideración al principio de poder adentro tuyo y podrás ser conocido como una persona muy capaz, pero nunca serás reconocido como una persona cuya vida demuestra el poder real de la grandeza. Hay demasiado entrenamiento del intelecto y poderes de razonamiento y muy poco entrenamiento sobre la obediencia al alma. Esta es la única cosa que puede estar mal con tu actitud personal. Cuando fracasas, dejas de ser obediente al principio de poder.

Cuando profundizas hacia tu propio centro, siempre puedes encontrar la pura idea de lo correcto para cada caso. Para ser grande y tener poder, solo es necesario conformar tu vida a la idea pura como la encuentras en el interior. Toda desviación de este punto es efectuada a expensas de la pérdida de poder. Esto debes recordarlo.

Hay muchas ideas en tu mente que has superado y las cuales, por la fuerza del hábito, todavía permites que dicten acciones sobre tu vida. Acaba con ello. Abandona todo lo que hayas superado. Hay muchas costumbres innobles (sociales y otras) que todavía puedes seguir, aunque sepas que tienden a empequeñecerte, desacreditarte y mantenerte actuando en un modo diminuto. Elévate sobre todo eso.

No estoy diciendo que debas descartar absolutamente todos los convencionalismos o los estándares aceptados comúnmente de lo correcto e incorrecto. No puedes hacer esto, pero puedes aliviar a tu alma de las más rigurosas restricciones que atan a la mayoría de tus pares. No entregues tu tiempo y fuerza al respaldo de instituciones obsoletas, religiones u otras similares. No estés ligado a principios en los cuales no crees. ¡Sé libre!

Tal vez ya formaste algunos hábitos inapropiados de la mente o el cuerpo, abandónalos. ¿Todavía consideras temores desconfiados a que las cosas salgan mal o a que las personas te traicionen o lo maltraten? Colócate por encima de todo eso. ¿Todavía actúas egoístamente en muchas maneras y en muchas ocasiones? Deja de hacerlo.

Abandona todas esas reacciones y, en lugar de ellas, coloca las mejores acciones de las cuales puedas formar una concepción en tu mente. Si deseas progresar y no lo estás haciendo, recuerda que puede ser únicamente porque tu pensamiento es mejor que tu práctica. Debes hacer las cosas tan bien como las piensas. Deja que tus pensamientos sean regidos por el principio de poder interno, y luego vive al nivel de tus pensamientos.

Deja que tu actitud en los negocios, en política, en temas vecinales y en tu propio hogar sean la expresión de los mejores pensamientos que puedas tener. Deja que tu manera hacia todos los hombres y mujeres, pequeños o grandes, y especialmente a tu propio círculo familiar siempre sea la más amable, elegante y cortés que puedas imaginar. Recuerda tu punto de vista. Eres alguien que tiene en su interior lo divino, así como todos los demás, y debe conducirte a ti mismo en concordancia con ello.

Los pasos para completar la entrega y obediencia al alma son pocos y simples. No puedes ser regido desde abajo si vas a ser grande, debes regirte desde arriba. Por lo tanto, no puedes ser gobernado por impulso físico, debes llevar tu cuerpo a la subordinación de la mente. Sin embargo, tu mente, sin principio, puede guiarte a maneras egoístas e inmorales. Debes poner la mente en subordinación al alma, y tu alma está limitada por las fronteras de tu conocimiento. Entonces, debes colocar tu alma en subordinación al alma superior que no necesita búsqueda del entendimiento, pero ante la cual se extienden todas las cosas. Esto constituye la entrega, es decir, obediencia al alma.

Repite en tu interior: "Rindo mi cuerpo para que sea regido por mí mente. Rindo mi mente para que sea gobernada por mi alma. Rindo mi alma a la guía de lo superior".

Efectúa una entrega completa y profunda, y habrás dado el segundo gran paso en el camino a la grandeza y poder.

IDENTIFICACIÓN

Una vez hayas reconocido al principio de poder superior como la presencia en progreso en la naturaleza, sociedad y en tus pares, y te hayas armonizado con ella, y habiéndote entregado a ti mismo a aquello dentro de ti que te impulsa hacia lo más grande y lo más alto, el próximo paso es darte cuenta y reconocer completamente el hecho de que el principio de poder en tu interior es lo divino mismo. Tú debes identificarte en forma consciente con el poder superior. Esta no es alguna posición falsa o inexacta para ser asumida, es un hecho para ser reconocido. Tú ya eres uno con lo divino y quieres estar de manera consciente al corriente de ello.

Hay una sustancia, la fuente de todas las cosas, y esta sustancia tiene en sí misma el poder que crea todas las cosas; todo el poder es inherente en ella. Esta sustancia es consciente y piensa, trabaja con perfecto entendimiento e inteligencia. Tú sabes que esto es así porque sabes que la sustancia existe y que la conciencia existe, y que debe ser la sustancia la que es consciente. El ser humano es consciente y piensa: el hombre es sustancia. El poder supremo debe ser sustancia, si no, no es nada y no existe en absoluto. Si el ser humano es sustancia y piensa, como es consciente, entonces es sustancia consiente.

No es concebible que deba haber más que una sustancia original, la fuente de toda vida y poder encarnada en una forma física. El ser humano no puede ser algo diferente a lo divino. La inteligencia es una y la misma en todos lados, y debe haber en todos lados un atributo de la misma sustancia.

El hombre es una materia con lo divino y, entonces, todos los talentos, poderes y posibilidades que están en lo divino están en el ser humano, y no en unos pocas personas excepcionales, sino en todos. Pero mientras el ser humano es sustancia de poder y tiene en su interior todas las posibilidades, su conciencia es limitada. No sabe todo lo que hay para saber y, por lo tanto, es propenso a errores y equivocaciones. Para salvarse a sí mismo de estos, debe unir su mente con aquello fuera de él que conoce todo; debe convertirse, de forma consciente, en uno con lo divino.

En la mente superior está mantenido el gran propósito que está detrás de toda naturaleza y entonces sabe lo que será. El hombre está rodeado por una mente que conoce todo lo que hay que conocer, pasado, presente y lo que vendrá. Todo lo que el ser humano ha dicho, hecho o escrito está presente allí.

Somos de una materia idéntica a esta mente y puede entonces deducirse que podemos saber lo que esta mente sabe. Sin embargo, la identificación de ti mismo con el infinito debe ser lograda por reconocimiento consciente de tu parte.

Por esta razón, debes afirmar algo como:

"Me uno conscientemente a lo que es supremo. Yo soy uno con la conciencia infinita. Hay una mente superior y esta mente está dentro mío".

Si has sido minucioso en el trabajo como se relató en los capítulos precedentes, si has obtenido el verdadero punto de vista aquí explicado, y si tu entrega es completa, no encontrarás difícil obtener la identificación consciente. Una vez que lo logres, el poder que buscas será tuyo, porque te has hecho uno con todo el poder que hay.

VISUALIZACIÓN

Como ya sabes, eres un centro del pensamiento de la sustancia original, y los pensamientos de la sustancia original tienen poder creativo. Cualquier cosa que sea formada en tu pensamiento debe surgir a la existencia como una cosa visible y así llamada forma material. Una forma de pensamiento es una realidad, es una cosa real, ya sea que se haya convertido en visible para el ojo mortal o no. Este es un hecho que debes mantener en tu entendimiento: un pensamiento sostenido en una sustancia pensante es una cosa real aunque no sea visible para ti. Internamente, tomas la forma en la cual piensas y te rodeas a ti mismo con las formas invisibles de aquellas cosas con las cuales te asocias en tus pensamientos.

Si deseas una cosa, imagínala claramente y sostén la imagen firmemente en tu mente hasta que se convierta en una forma de pensamiento definitivo. Si tus prácticas no son tales como para separarte de lo supremo, lo que quieres vendrá a ti en forma material: debes hacerlo así en obediencia a la ley por la cual fue creado el universo.

No tengas ninguna forma de pensamiento de ti mismo en conexión con enfermedades o malestar. Debes formar una concepción de salud. Haz una forma de pensamiento de ti mismo muy fuerte y abundante, y que esté perfectamente bien; sostén estas formas de pensamiento en la inteligencia creativa, y, si tus prácticas no están en violación con las leyes por las cuales se construye el cuerpo físico, tu forma de pensamiento se manifestará en tu carne. Esto también es seguro, proviene por obediencia a la ley.

Realiza una forma de pensamiento de ti como deseas ser, y fija tus ideales tan cerca de la perfección como tu imaginación sea capaz de concebir. Permíteme dar un ejemplo: si un joven estudiante de leyes desea convertirse en una persona extraordinaria, debe imaginarse a sí mismo (mientras asista al punto de vista aquí explicado, a la entrega y a la identificación) como un gran abogado, alegando su caso con elocuencia y poder incomparable ante el juez y el jurado, teniendo así un ilimitado dominio de la verdad, del conocimiento y de la sabiduría. Esta persona debe imaginarse a sí misma como el gran abogado en cada posible situación y contingencia, y así sea todavía estudiante, nunca debe olvidarse o fracasar en ser el gran abogado en su forma de pensamiento de sí mismo. A medida que la forma de pensamiento crece más definitiva y habitual en su mente, las energías creativas, las interiores y las exteriores, están preparadas para trabajar. Él comenzará a manifestar la forma desde adentro, y todo lo exterior que vaya alineado con la imagen sostenida comenzará a ser impulsado hacia él. Esta persona se hará a sí misma en la mente y lo divino trabajará con ella. Nada puede impedirle convertirse en lo que desea ser.

Del mismo modo, el estudiante de música que se encamina a la grandeza se imagina a sí mismo como presentando armonías perfectas y ante vastas audiencias deleitables; el actor forma la más alta concepción que es capaz en consideración a su arte y aplica esta concepción en sí mismo, y el granjero y el mecánico hacen exactamente lo mismo.

Fija tu ideal de lo que deseas hacer de ti. Considera bien y asegúrate de tomar la decisión correcta, que es la que será más satisfactoria para ti en un modo general. No le prestes mucha atención a los consejos y sugerencias de aquellos que te rodean; no creas que cualquiera puede saber, mejor que tú, lo que es correcto para ti. Escucha lo que otros tienen para decirte, pero siempre forma tus propias conclusiones. *No dejes que otras personas decidan lo que serás. Sé lo que sientes que quieres ser.*

No te engañes con una falsa noción de obligación o deber. No puedes deberle ninguna posible obligación a otros que te prevenga de hacer lo que es mejor para ti mismo. Siendo verdadero contigo mismo, no puedes mentirle a nadie. Cuando hayas decidido completamente lo que deseas ser, forma la concepción más alta de aquello que eres capaz de imaginar, y haz de esa concepción una forma de pensamiento. Sostén esa forma de pensamiento como un hecho, como la verdad real sobre ti y cree en ello.

Cierra tus oídos a todas las sugerencias adversas. No le des importancia a que las personas te llamen un soñador o un idiota. Sigue soñando. Recuerda que Bonaparte, el teniente medio hambriento, siempre se vio a sí mismo como el general de los ejércitos y el patrón de Francia, y se convirtió en realización externa lo que él sostuvo ser en su mente. Así igual puede ocurrir con tu caso. Presta atención cuidadosamente a todo lo que ha sido dicho en los capítulos precedentes, y actúa como se indica en los siguientes. Así, te convertirás en lo que quieres ser.

REALIZACIÓN

Si te detuvieras una vez que ha cerrado el último capítulo, nunca te harías grande. Serías ciertamente un mero soñador, un constructor de castillos de arena. Demasiados se detienen ahí, no entienden la necesidad de actuar para realizar la visión y traer la forma de pensamiento a la acción. Dos cosas son necesarias. Primero, hacer la forma del pensamiento y, segundo, la apropiación actual para ti de todo lo que va dentro y alrededor de la forma de pensamiento. Hemos discutido lo primero, ahora procederemos a dar direcciones de lo segundo. Cuando hayas hecho tu forma de pensamiento, ya eres, en tu interior, lo que quieres ser. A continuación, debes convertirse externamente en lo que quieres ser. Ya eres grande por dentro, pero todavía no estás haciendo las cosas grandes en el exterior. No puedes comenzar, en el instante, a hacer grandes cosas. No puedes ser ante el mundo el gran actor, abogado, músico o la personalidad que sabes ser. Nadie te confiará grandes cosas todavía, porque no te has hecho conocido. Sin embargo, siempre puedes comenzar a hacer pequeñas cosas en un modo grande.

Aquí yace todo el secreto. Y puedes comenzar a ser grande hoy mismo, en tu propio hogar, en tu negocio o en tu oficina, en la calle, en todas partes, entonces puedes comenzar a hacerte conocer como un grande; y puedes hacer esto llevando a cabo todo lo que haces en un modo grande. Debes poner el poder completo de tu gran alma en cada acto, sin importar que sean pequeños y comunes, y entonces revelarás a tu propia familia, amigos y vecinos lo que eres realmente. No presumas o te jactes de ti mismo; no andes por ahí diciéndole a las personas el gran personaje que eres. Simplemente, vive en un modo grande. Nadie te creerá si dices que eres una gran persona, pero nadie puede dudar de tu grandeza si la demuestras en tus acciones. En tu círculo doméstico sé tan justo, tan generoso, tan cortés y bondadoso, que tu familia, esposa, marido, hijos, hermanos y hermanas sabrán que eres un alma grande y noble. En todas tus relaciones, sé grande, justo, generoso, cortés y bondadoso. Los grandes nunca son de otra manera.

Esto, en lo que se refiere a tu actitud.

A continuación y más importante: debes tener fe absoluta en tus propias percepciones de la verdad. Nunca actúes con prisa o apuro. Sé deliberado en todo. Espera hasta sentir que conoces el modo verdadero. Y cuando realmente sientas eso, sabrás el modo verdadero. Guíate por tu propia fe aunque todo el mundo esté en desacuerdo contigo. Si no crees lo que el poder supeiror te dice en las pequeñas cosas, nunca podrás recibir su sabiduría y conocimiento en cosas más grandes. Cuando sientas profundamente que un cierto acto es el acto correcto, házlo y ten fe perfecta en que las consecuencias serán buenas.

Cuando estás profundamente impresionado de que una determinada cosa es cierta (sin importar cuáles sean las apariencias de lo contrario) acepta eso como cierto y actúa de acuerdo a ello. La única manera de desarrollar una percepción de la realidad en las grandes cosas es confiar absolutamente en esa percepción actual de la verdad en las pequeñas cosas. Recuerda que estás buscando desarrollar este poder o facultad: la percepción de la verdad. Estás aprendiendo a leer los pensamientos de lo divino. Nada es grande y nada es pequeño a la vista de la omnipotencia. Lo divino sostiene el sol en su lugar, pero también nota la caída de un gorrión y el número de cabellos de tu cabeza. El poder superior está tan interesado en los pequeños temas de todos los días como lo está en los asuntos de las naciones. Puedes percibir la realidad sobre los asuntos familiares y vecinales tanto como los temas referidos al oficio de estado. Y la manera de comenzar es tener una fe perfecta en la verdad de estos pequeños temas así como te son revelados: día a día. Cuando te sientas profundamente impulsado a tomar un camino que parece contrario a todas las razones y al juicio mundial, tome ese camino.

Escucha las sugerencias y consejos de otros, pero siempre haz lo que sientas profundamente en tu interior como lo correcto para hacer. Respáldate con absoluta fe, en todo momento, en tu propia percepción de la verdad, pero asegúrate de escuchar a lo supremo. No actúes con prisa, temor ni ansiedad. Apóyate en tu percepción de la verdad en todos los hechos y las circunstancias de tu vida. Si sientes profundamente que una cierta persona estará en un cierto lugar en un cierto día, ve hacia allí con la fe perfecta de que la encontrarás; esa persona estará ahí, sin importar lo improbable que parezca. Si te sientes seguro de que ciertas personas están haciendo ciertas combinaciones o haciendo ciertas cosas, actúe con la fe de que están haciendo esas cosas.

Si te sientes seguro de la verdad de cualquier circunstancia o suceso, cercano o distante, pasado, presente o por venir, confía en tu percepción. Puedes cometer errores ocasionales al principio, por tu entendimiento imperfecto de lo interior; pero pronto serás guiado por un camino casi invariablemente correcto. Pronto tu familia y amigos comenzarán a referirse, más y más, a tu juicio y desearán ser guiados por ti. Pronto tus vecinos y personas del pueblo se acercarán a ti en busca de consejos y consultas. Pronto serás reconocido como el que es grande en pequeñas cosas, y serás solicitado más y más para hacerte cargo de cosas más grandes.

Todo lo que es necesario es ser absolutamente guiado, en todas las cosas, por la luz interior y la percepción de la verdad. Obedece a tu alma, ten fe perfecta en ti mismo. Nunca pienses en ti con duda o desconfianza, o como alguien que comete errores.

PRISA Y HÁBITO

Como a muchos les sucede, es posible que tengas algunos problemas domésticos, sociales, físicos o financieros que parecen estar presionando en la espera de soluciones instantáneas. Tal vez tienes deudas que deben ser pagadas u otras obligaciones que deben ser cumplidas o tal vez te sientes infeliz o desubicado, y sabes que algo debe ser hecho inmediatamente. No te apresures ni actúes tontamente a causa de impulsos superficiales. Puedes confiar en lo divino para la solución de todos tus problemas personales. No hay prisa. El principio de poder está siempre presente. Todo está bien.

Hay un poder invisible en ti, y el mismo poder está en las cosas que quieres. Este poder te está acercando a ti hacia aquellas cosas. Este es un pensamiento que debes tomar y sostener continuamente: que la misma inteligencia que está dentro de ti está en las cosas que deseas.

Las cosas que quieres están impulsadas hacia ti tan fuerte y decididamente como el deseo que te impulsa hacia ellas. La tendencia, por lo tanto, de un pensamiento mantenido firmemente debe ser el de atraer las cosas que deseas hacia ti y agruparlas alrededor tuyo. Mientras mantengas tu pensamiento y fe correctamente, todo debe ir bien. *Nada puede estar mal excepto tu propia actitud personal, y esa no estará mal si tú confías y no temes.*

La prisa es una manifestación del temor. Aquel que no teme, tiene bastante tiempo. Si actúas con una fe perfecta en tus propias percepciones de la verdad, nunca será demasiado tarde o demasiado temprano, y nada saldrá mal. Si las cosas parecen estar saliendo mal, no te perturbes en tu mente, se trata solo de algo aparente.

Nada puede ir mal en este mundo excepto tú; y puedes equivocarse únicamente colocándote en una actitud mental equivocada. Cada vez que te encuentres exaltado, preocupando o adoptando una actitud mental de apuro, siéntate y piénsalo nuevamente; juega un juego de algún tipo o tómate unas vacaciones. Vete de viaje y todo estará bien cuando regreses. Con toda seguridad, si te encuentras en una actitud mental de apuro, sabrás que estás fuera de la actitud mental de grandeza.

La prisa y el temor cortarán instantáneamente tu conexión con la mente universal; no obtendrás poder, sabiduría ni información hasta que estés calmado. Caer en la actitud de apuro frenará la acción del principio de poder en tu interior. El temor transforma la fuerza en debilidad.

Recuerda que la serenidad y el poder están inseparablemente asociados. La mente calmada y balanceada es la mente fuerte y grande; la mente apresurada y agitada es la mente débil. Cada vez que caigas en el estado mental de prisa, podrás saber que has perdido el punto de vista correcto; estás comenzando a mirar el mundo o alguna parte de este como si estuviera mal.

En tales momentos, lee el capítulo denominado "El punto de vista social" de este libro. Considera el hecho de que el mundo está bien ahora con todo lo que contiene. Conserva la serenidad y la alegría. Ten fe.

A continuación, hablaremos sobre el hábito. Es probable que tu mayor dificultad sea superar tus viejas y habituales maneras de pensar y formar hábitos nuevos. El mundo está regido por el hábito. Reyes, tiranos, maestros y plutócratas sostienen sus posiciones en parte porque las personas han llegado a aceptarlas como algo habitual. Las cosas son como son cuando las personas han formado el hábito de aceptarlas como son. Cuando las personas cambien su pensamiento habitual sobre las instituciones gubernamentales, sociales e industriales, las instituciones cambiarán.

El hábito nos rige a todos. Tú has formado, tal vez, el hábito de pensar en ti mismo como una persona común, como una persona de habilidad limitada, o siendo más o menos un fracasado. Lo que sea que pienses habitualmente que eres es lo que eres.

Debes formar, ahora, un hábito más grande y mejor. Debes formar una concepción de ti como una persona de poder ilimitado, y pensar habitualmente que eres ese ser. Es el pensamiento habitual, no el pensamiento periódico, el que decide tu destino. No te servirá de nada sentarte aparte por unos pocos momentos varias veces al día para afirmar que eres grandioso, si durante todo el balance del día (mientras estás ocupándote de su trabajo habitual) piensas que tú mismo no eres grandioso. Ninguna cantidad de plegarias o afirmaciones te harán grande si todavía te consideras, habitualmente, como un ser pequeño.

La utilización de la plegaria y la afirmación sirven para cambiar tu hábito de pensamiento. Cualquier acto, mental o físico, regularmente repetido se convierte en un hábito. El propósito de los ejercicios mentales es repetir ciertos pensamientos una y otra vez hasta que el pensamiento de esas ideas se haga constante y habitual.

Los pensamientos que repetimos continuamente se convierten en convicciones. Lo que debes hacer es repetir el pensamiento nuevo de ti mismo hasta que sea el único modo en que piensas de ti mismo. El pensamiento habitual y no el ambiente o las circunstancias, han hecho de ti lo que eres. Cada persona tiene alguna idea central o forma de pensamiento de sí mismo, y por esta idea clasifica y acomoda todos sus hechos y relaciones externas.

Idealmente, tú estás clasificando tus hechos de acuerdo a la idea de que eres una personalidad grande y fuerte, o de acuerdo a la idea de que eres limitado, común y débil. Si esto último es tu caso, debes cambiar tu idea central. Consigue una nueva imagen mental de ti mismo.

No trates de hacerte grande por repetir meras retahílas de palabras o fórmulas superficiales. Repite una y otra vez el pensamiento de tu propio poder y habilidad hasta que clasifiques los hechos externos, y decide el lugar que te corresponde en todos lados de acuerdo a esta idea. En otro capítulo encontrarás un ejercicio mental ilustrativo y directivas más avanzadas sobre este punto.

PENSAMIENTO

La grandeza es obtenida por el pensamiento de grandes ideas. Ninguna persona puede convertirse en grande exteriormente hasta que no sea grande internamente; y nadie puede ser grande internamente hasta que no PIENSE con grandeza. Ninguna cantidad de educación, lectura o estudio puede hacerte grande sin el pensamiento. El pensamiento puede hacerte grande con muy poco estudio.

Hay, en conjunto, demasiadas personas que están tratando de hacer algo de ellas mismas leyendo libros sin pensar. Todo eso fracasará.

No te desarrollas mentalmente por lo que lees, sino por lo que piensas sobre lo que lees.

El pensamiento es el trabajo más duro y más agotador de todos; y, por lo tanto, muchas personas lo evitan. En cuanto seres humanos, estamos continuamente impulsados al pensamiento; debemos pensar o comprometernos en alguna actividad para escapar al pensamiento. Muchas veces, la continua búsqueda por placer, en la cual la mayoría de las personas gastan todo su tiempo libre, es únicamente un esfuerzo para escapar al pensamiento. Si están solos o si no tienen nada entretenido que atraiga su atención, como una novela para leer o un espectáculo para ver, las personas deben pensar.

La mayoría de las personas gastan gran parte de su tiempo libre escapándose del pensamiento. Es por eso que están donde están. Nunca avanzaremos hasta que no comencemos a pensar.

En lugar de leer grandes cantidades, piensa más. Lee sobre cosas grandes y piensa sobre grandes cuestiones y asuntos. En el momento, tenemos pocas figuras realmente grandes en la vida política de nuestro país; nuestros políticos son un conjunto insignificante. No hay ningún Lincoln, Webster, Clay, Calhoun o Jackson. ¿Por qué? Porque nuestros hombres de estado tratan solamente ternas sórdidos e insignificantes, cuestiones de dólares y centavos, de oportunidad y éxitos de sus partidos y de prosperidad material sin consideración al derecho ético. El que piensa dentro de este lineamiento no llama al surgimiento de grandes almas.

Los hombres de estado de la época de Lincoln y de épocas anteriores trataban con cuestiones de verdad eterna, de derechos humanos y justicia. Los hombres pensaban en grandes temas, pensaban grandes pensamientos y se convirtieron en grandes hombres.

El pensamiento, no el mero conocimiento o información, hacen la personalidad. El pensamiento es crecimiento. No puedes pensar sin crecer. Cada pensamiento engendra otro pensamiento. Escribe una idea y otras le seguirán hasta que hayas escrito una página.

No puedes llegar al fondo de tu mente, porque tu mente no tiene fondo ni fronteras. Tus primeros pensamientos pueden ser no demasiado elaborados; pero, a medida que continúas pensando, utilizarás más y más de ti mismo;

acelerarás nuevas células cerebrales hacia la actividad y desarrollarás nuevas facultades. Herencia, ambiente, circunstancias, todas las cosas deben brindar un camino ante ti si practicas un pensamiento sostenido y continuo. Pero, por el otro lado, si descuidas pensar por ti mismo y solamente utilizas el pensamiento de otras personas, nunca sabrás de qué eres capaz y terminarás siendo incapaz de cualquier cosa.

No puede haber grandeza real sin pensamiento original. Todo lo que el ser humano hace externamente es la expresión y cumplimiento de su pensamiento interior. Ninguna acción es posible sin pensamiento, y ninguna gran acción es posible hasta que un gran pensamiento la haya precedido. La acción es la segunda forma de pensamiento, y la personalidad es la materialización del pensamiento. El ambiente es el resultado del pensar: las cosas se agrupan o se acomodan alrededor de ti de acuerdo con tu pensamiento.

Hay, como dice Emerson, alguna idea central o concepción de ti mismo por la cual todos los hechos de tu vida son acomodados y clasificados. Cambia esta idea central y cambiarás la acomodación o clasificación de todos los hechos y circunstancias de tu vida.

Eres lo que eres porque piensas de la manera en que lo haces. Estás donde estás porque piensas como piensas.

Ves entonces la inmensa importancia de pensar acerca de los elementos esenciales presentados en los capítulos precedentes. No debes aceptarlos de una manera superficial, debes pensar en ellos hasta que sean parte de tu idea central. Regresa al tema del punto de vista y considera, en todas tus relaciones, el pensamiento tremendo de que vives en un mundo perfecto entre personas perfectas; y que, con seguridad, nada puede estar mal contigo excepto tu propia actitud personal. Piensa sobre todo esto hasta que te des cuenta completamente de todo lo que significa para ti.

Considera que este es el mundo de lo divino y que es el mejor de todos los mundos posibles, un mundo que ha ido avanzando por medio del proceso de la evolución orgánica, social e industrial, y que está continuando hacia una más grande conclusión y armonía. Considera que hay un gran, perfecto, inteligente principio de vida y poder causando todos los fenómenos cambiantes del cosmos. Piensa sobre todo esto hasta que veas que es cierto, y hasta que comprendas cómo debes vivir y actuar como un ciudadano de un todo en camino a la perfección.

A continuación, piensa en la maravillosa verdad de que esta gran inteligencia está dentro de ti y es tu propia inteligencia. Es una luz interna impulsándote hacia lo correcto y lo mejor, el acto más grande y la felicidad más elevada. Es el principio de poder dentro de ti, brindándote toda la habilidad y genialidad que hay. Este principio te guiará infaliblemente hacia lo mejor si te entregas a él y caminas en la luz. Considera lo que significa la consagración de ti mismo cuando dices: "Obedeceré a mi alma". Esta es una oración de tremendo significado, y debe revolucionar la actitud y el comportamiento de la persona promedio.

Luego, piensa acerca de tu identificación con lo superior y divino. Recuerda que todos los conocimientos son suyos y toda la sabiduría es suya, disponible para solicitarla. Si piensas en conexión con lo divino, no puedes fracasar. Los pensamientos divinos seguramente se exteriorizarán en una vida divina. Los pensamientos de poder terminarán en una vida de poder. Los grandes pensamientos se manifestarán en una gran personalidad. Piensa bien en todo esto y luego estarás listo para actuar.

ACCIÓN EN EL HOGAR

No debes pensar solamente en que serás grande. *Piensa que eres grande ahora.* No pienses que comenzarás a actuar de un gran modo en algún momento futuro, comience ahora. No pienses que actuarás en una gran manera cuando alcances un ambiente diferente, actúe en un gran modo donde estás ahora. No pienses que comenzarás a actuar en un gran modo cuando comiences a tratar con grandes cosas, comience a tratar en un gran modo las pequeñas cosas. No pienses que comenzarás a ser grande cuando estés entre personas más inteligentes o entre personas que te entiendan mejor, comienza ahora a tratar con las personas alrededor de ti en un gran modo.

Si no te encuentras en un ambiente donde haya campo libre para tus mejores poderes y talentos, puedes mudarte en el debido momento; pero, mientras tanto, puedes ser grande donde estás. Lincoln era tan grande cuando era un abogado como cuando era presidente; como abogado hizo cosas comunes en un gran modo y eso lo convirtió en presidente. Si hubiera esperado hasta llegar a Washington para comenzar a ser grande, se hubiera mantenido desconocido. No te engrandeces por la ubicación en la cual te toca estar, ni por las cosas con las cuales te puedes rodear. No te engrandeces por lo que recibes de los otros, y nunca puedes manifestar grandeza mientras dependas de otros. Manifestarás grandeza solo cuando comiences a pararte solo. Elimina todo pensamiento de dependencia en cosas externas, sean libros, personas, etc. Como dijo

Emerson: "Shakespeare nunca se hará por el estudio de Shakespeare. Shakespeare se hará por el pensamiento de ideas de Shakespeare".

No tiene importancia cómo te puedan tratar las personas alrededor, incluyendo aquellas de tu propia familia. Eso no tiene nada que ver con que seas grande; esto es, no puede evitar que te llenes de grandeza. Las personas pueden descuidarte, ser desagradecidas y malintencionadas en su actitud hacia ti y, con todo, ¿acaso eso te impide ser grande en tu manera y actitud hacia ellas? Trata a los desagradecidos y a los malignos en una manera grande y perfectamente bondadosa, así como lo haría un ser divino y superior.

No hables sobre tu grandeza. No eres, en naturaleza esencial, más grande que aquellos que están alrededor de ti. Puedes haber ingresado en un modo de vivir y pensar que ellos todavía no han encontrado, pero ellos son en concordancia con su propio plano de pensamiento y acción. No estás habilitado para recibir ningún honor especial o consideración por tu grandeza. Eres una chispa de lo divino entre otras chispas de ello.

La verdad es que fracasarás si mantienes una actitud presumida viendo los defectos y fracasos de otras personas y comparándolos con tus propias virtudes y éxitos. Si caes en una actitud mental presumida, cesarás de ser grande y te harás pequeño. Piensa en ti mismo como un ser perfecto entre seres perfectos y recibe a cada persona como a un igual, no como un superior ni como un inferior. No te des aires a ti mismo, las personas grandes nunca lo hacen. No pidas honores y no busques reconocimiento. Los honores y el reconocimiento vendrán lo suficientemente rápido si estás facultado para recibirlos.

Comienza en tu hogar. Es una gran persona aquella que siempre puede ser serena, segura, calma, perfectamente bondadosa y considerada en el hogar. Si tu manera y actitud en tu propia familia siempre son lo mejor que puedes pensar, pronto te convertirás en la persona en quien todos los otros confiarán. Serás una torre de fuerza y sustento en momentos de dificultad. Será amado y apreciado. Al mismo tiempo, no cometas el error de arrojarte al servicio de otros. El ser humano verdaderamente grande se respeta a sí mismo, sirve y ayuda, pero nunca es servil. No puedes ayudar a tu familia siendo un esclavo para ellos o haciendo aquellas cosas que, por derecho, tendrían que hacer por su cuenta. Le haces un daño a una persona si los asistes demasiado. Las personas egoístas y que extorsionan están mucho mejor si se les niegan las respuestas a sus extorsiones. El mundo ideal no es uno en donde hay muchas personas que son asistidas por otras personas, es un mundo en donde cada uno se asiste a sí mismo. Satisfaz todas las exigencias (egoístas y otras) con perfecta bondad y consideración, pero no te permitas ser un esclavo de los antojos, caprichos, extorsiones o deseos esclavizantes de cualquier miembro de tu familia.

No te angusties por los fracasos o errores de cualquier miembro de tu familia ni sientas que debes interferir. *No te molestes* si los otros parecen estar haciendo lo incorrecto ni sientas que debes ponerlos en lo correcto: recuerda que cada persona es perfecta en su propio plano. *No te entrometas* con los hábitos y prácticas personales de otros, aunque sean tus personas más cercanas y más queridas. Estas cosas no son de tu incumbencia. Nada puede estar mal excepto tu propia actitud personal. Haz que eso sea correcto y sabrás que todo lo demás es correcto. Eres un alma verdaderamente grande cuando puedes vivir con aquellos que hacen cosas que tú no haces y, aun así, refrenas tu criticismo o interferencia. Haz las cosas que sean correctas para ti y cree en que cada miembro de tu familia está haciendo las cosas correctas para sí mismo. Nada está mal con nadie ni con nada. Sostén que todo está muy bien.

No te esclavices por nadie más, pero sé igualmente cuidadoso como para no esclavizar a nadie más a tus nociones de lo que es correcto.

Piensa y piensa profunda y continuamente. Sé perfecto en tu amabilidad y consideración. Deja que tu actitud sea propia de alguien que alberga lo divino entre otros iguales, y no la de un dios entre seres inferiores.

Ese es el modo de ser grande en tu propio hogar.

ACCIÓN EN EL EXTERIOR

Las reglas que se aplican a tus acciones en el hogar se deben aplicar a tus acciones en todos lados. Nunca te olvides, ni por un instante, que este es un mundo perfecto, y que llevas la chispa divina adentro tuyo. Eres tan grande como el más grande, pero todos son tus iguales.

Respáldate absolutamente en tu percepción de la verdad. Confía en la luz interna en lugar de la razón, pero asegúrate de que tu percepción provenga de la luz interna. Actúa en serenidad y calma; presta atención a lo divino. Tu identificación con la mente superior te brindará todo el conocimiento que necesitas para guiartse en cualquier contingencia que pueda surgir en tu propia vida o en la vida de otros. Únicamente es necesario que seas principalmente calmado, y confíes en la sabiduría eterna que está dentro de ti. Si actúas con serenidad y fe, tu juicio siempre será correcto, y siempre sabrás exactamente qué hacer. No te apresures ni te preocupes. Recuerda a Lincoln en los días oscuros de la guerra. James Freeman Clarke relata que, después de la batalla de Fredercksburg, Lincoln solamente instaló un abastecimiento de fe y esperanza para la nación. Cientos de hombres líderes, de todas partes del país, ingresaron tristemente en su habitación y salieron alegres y esperanzados. Se habían parado cara a cara con lo divino, y lo habían visto reflejado en ese hombre lánguido, desgarbado y paciente, aunque no lo sabían.

Ten fe perfecta en ti mismo y en tu habilidad para hacer frente a cualquier combinación de circunstancias que pueda surgir. No te molestes si estás solo, si necesitas amigos vendrán a ti en el momento correcto. No te molestes si sientes que eres ignorante, la información que necesitas será instalada en ti cuando sea tiempo para que la tengas. Aquello que está dentro de ti impulsándote hacia delante está en las cosas y en las personas que necesitas, impulsándolas hacia ti.

Si hay una persona particular que necesitas conocer, te será presentada; si hay un libro en particular que necesitas leer, será colocado en tus manos en el momento indicado. Todo el conocimiento que necesitas arribará a ti tanto desde fuentes internas como externas.

Tu información y tus talentos siempre serán igualados a los requerimientos de la ocasión. Tan pronto como despiertes y comiences a utilizar tus facultades en un gran modo, podrás aplicar el poder al desarrollo de tu cerebro, nuevas células serán creadas, las células durmientes serán agilizadas para la actividad y tu cerebro será capacitado como un instrumento perfecto de tu mente.

No intentes hacer grandes cosas hasta que no estés listo para hacerlas en un gran modo. Si asumes tratar con grandes temas de forma pequeña (esto es, desde un punto de vista inferior o con entrega incompleta, fe y coraje vacilantes), fracasarás. No estés apurado para poder hacer grandes cosas. Hacer grandes cosas no te hará grande, pero hacerse grande ciertamente te guiará a hacer las grandes cosas.

Comienza a ser grande donde estés y en las cosas que haces todos los días. No estés apresurado por ser descubierto o reconocido como una gran personalidad. No te desilusiones si los hombres no te denominan para un oficio dentro del mes después de haber comenzado a practicar lo que lees en este libro. Las grandes personas nunca buscan reconocimiento o aplauso, no son grandes porque quieran ser pagados por ser así. La grandeza es una recompensa suficiente en sí misma, la felicidad de ser algo y de saber que estás progresando es la mayor de todas las alegrías posibles para el hombre.

Si comienzas en tu propia familia, como fue descrito en el capítulo precedente, y luego asumes la misma actitud mental con tus vecinos, amigos y aquellos que conozcas en los negocios, pronto encontrarás que las personas comienzan a depender de ti. Buscarán tus consejos, y un número de personas constantemente creciente te buscará para obtener fuerza e inspiración, y confiar en tu juicio.

Aquí, como en el hogar, debes evitar entrometerte con los asuntos de otras personas. Ayuda a todos los que acudan a ti, pero no andes por ahí empeñándote oficiosamente para hacer que los otros hagan lo correcto. Preocúpate por tus propios asuntos. No es parte de tu misión en la vida el corregir las morales, hábitos o prácticas de otras personas. Conduce una gran vida haciendo todas las cosas con un gran espíritu y en un gran modo. Bríndale a la persona lo que te haya pedido tan libremente como lo has recibido, pero no fuerces tu ayuda o tus opiniones sobre nadie.

Si tu vecino desea fumar o beber, es su asunto; no es tuyo hasta que te consulte a ti sobre ello.

Si conduces una gran vida y no haces predicaciones, salvarás mil veces más almas que uno que conduce una vida pequeña y predica continuamente.

Si sostienes el punto de vista correcto del mundo, otros lo averiguarán y sé impresionarán de él a través de tu conversación y prácticas diarias.

No intentes convertir a otros a tu punto de vista excepto por sostenerlo y vivirlo según tus convicciones. Si tu entrega es perfecta, no necesitas decírselo a nadie, se hará rápidamente aparente para todos que estás guiado por un principio más elevado que el del hombre o mujer del promedio.

Si tu identificación con lo superior y divino es completa, no necesitas explicarles a otros el hecho, se hará auto evidente. Para hacerte conocido como una gran personalidad no tienes que hacer nada más que vivir.

No te imagines que tienes que andar desafiando el mundo por ahí como Don Quijote, tumbando molinos de viento y dando vuelta a las cosas en general, para poder demostrar que eres alguien. No vayas a la caza de grandes cosas para hacer. Vive una gran vida donde estás y en el trabajo diario que debes realizar, y los grandes trabajos seguramente te descubrirán. Cosas grandes llegarán a ti solicitando ser realizadas.

Valora a cada persona que trates sin importar si vive en las calles o carece de trabajo y educación. Todo tiene la chispa de lo divino. Cada hombre y mujer es perfecto.

Igualmente, no preserves toda tu consideración para los pobres. El millonario es tan bueno como el vagabundo. Este es un mundo bueno en camino a la perfección, y no hay una persona o cosa que no sea exactamente correcta. Asegúrate de mantener esto en mente al tratar con las cosas y con los seres humanos.

Da una visión mental de ti con una gran atención. Haz la forma de pensamiento de ti como deseas ser, y sostén esto con la fe de que está siendo realizado, y con el propósito de realizarlo completamente. Haz cada acto común como lo haría alguien que lleva lo divino en su interior. Habla cada palabra como la hablaría ese alguien. Conoce hombres y mujeres de estados inferiores y superiores como conoce a otros seres divinos. Comienza así y actúa así, y tu desenvolvimiento en habilidad y poder será grande y rápido.

ALGUNAS EXPLICACIONES MÁS DETALLADAS

Aquí volvemos hacia atrás, al tema del punto de vista, porque, aparte de ser vitalmente importante, *es el más probable de darle al lector los mayores problemas.* Hemos sido entrenados, en parte, por maestros religiosos equivocados, a mirar al mundo "como si fuera un barco destruido, conducido por una tormenta en contra de una costa rocosa. La destrucción total es inevitable en el final, y lo más que se puede hacer es rescatar, tal vez, algunos pocos de la tripulación". Esta visión nos enseña a considerar al mundo como esencialmente malo y creciendo para peor, y a creer que las discordias e inarmonías existentes deben continuarse e intensificarse hasta el final. Esta visión de mundo nos roba la esperanza hacia la sociedad, el gobierno y la humanidad, y nos da una perspectiva decreciente y una mente constrictiva.

Esto está todo equivocado. El mundo no está destruido. Es como una magnífica máquina de vapor con motores en su lugar y la maquinaria en perfecto estado. Los depósitos están llenos de carbón y el barco está ampliamente aprovisionado para la navegación; no falta ninguna cosa buena.

Cada provisión ha sido hecha para la seguridad, comodidad y felicidad de la tripulación. El motor a vapor está fuera en los altos mares hilvanando aquí y allá porque nadie ha aprendido todavía el curso correcto hacia dónde guiarlo. Estamos aprendiendo a guiar y, en el debido momento, arribaremos grandiosamente al puerto de la armonía perfecta.

El mundo es bueno y creciendo hacia lo mejor. Las discordias e inarmonías existentes son los rodamientos incidentales del barco debidos a nuestro propio guiar imperfecto y ya serán removidos en el momento correspondiente. Esta visión de mundo nos da una perspectiva progresiva y una mente expansiva, nos permite pensar a lo grande acerca de la sociedad y de nosotros mismos y a hacer las cosas en un gran modo. Además, vemos que nada puede estar mal con un mundo así ni con ninguna parte de él, incluyendo nuestros propios asuntos. Todo se está moviéndose hacia la plenitud, entonces no está equivocado. Y como nuestros asuntos personales son parte del todo, no están equivocados. Tú y todos los que te conciernen están moviéndose hacia la plenitud. Nada puede impedir este movimiento hacia delante excepto tú, y solamente lo puedes impedir asumiendo las actitudes mentales que se oponen a el principio de poder.

No tienes nada que mantener correcto excepto a ti mismo. Si te mantienes correcto, nada absolutamente puede ir mal, y no puedes tener nada que temer. Ningún asunto u otro desastre puede venir sobre ti si tu actitud personal es correcta, porque eres una parte de aquello que está aumentando y avanzando, y debes aumentar y avanzar con todo ello. Además, tu pensamiento estará modelado de acuerdo a tu punto de vista del cosmos.

Si ves el mundo como una cosa perdida y arruinada, te verás como una parte de él, tomando parte en sus pecados y debilidades. Si tu perspectiva es desesperanzada para el mundo como un todo, tu perspectiva de ti no puede ser esperanzada. Si ves el mundo como declinando hacia su final, no puedes verte avanzando. A menos que pienses bien de lo que existe, no puede realmente pensar bien de ti; y, a menos que pienses bien de ti mismo, nunca podrás convertirte en grande.

No olvides que los pensamientos negativos y de pobreza habitualmente sostenidos se convierten en formas invisibles en la materia de mente circundante y están continuamente contigo. En el debido momento, por la acción regular de la eterna energía creativa, el pensamiento de forma invisible es producido en sustancia material, y tú estarás rodeado por tus propios pensamientos hechos cosas. Observa a la naturaleza como una gran presencia viviendo y avanzando, y ve a la sociedad humana exactamente del mismo modo.

Todo es uno, proviniendo de una fuente, y todo es bueno. Tú mismo estás hecho del mismo material que lo divino. Todos los constituyentes de lo supremos son partes de ti. Cada poder divino es un constituyente del ser humano. Puedes avanzar como ves avanzar al todo. Tienes dentro de ti la fuente de todos los poderes.

MÁS ACERCA DEL PENSAMIENTO

Le doy lugar aquí a algunas consideraciones más avanzadas sobre el pensamiento. Nunca serás grande hasta que tus propios pensamientos te hagan grande; por lo tanto, es de primordial importancia que tú pienses.

Nunca harás cosas grandes en el mundo exterior hasta que pienses grandes pensamientos en el mundo interior; y nunca pensarás cosas grandes hasta que pienses acerca de la verdad, acerca de las realidades. Para pensar grandes cosas debes ser absolutamente sincero; y para ser sincero, debes saber que tus intenciones son correctas. La insinceridad o falso pensamiento nunca es grande, sin importar qué tan lógico y brillante puedas ser.

El primer y más importante paso es buscar la verdad sobre las relaciones humanas para saber lo que debes ser para otros hombres y lo que ellos deben ser para ti.

Esto te regresa a la búsqueda del punto de vista correcto. Debes estudiar la evolución orgánica y social. Lee teorías actualizadas sobre el tema, y cuando leas, PIENSA; piensa todo el tema nuevamente hasta que veas el mundo de cosas y hombres en el modo correcto.

Tu próximo paso es pensar sobre ti mismo en la actitud personal correcta. Tu punto de vista te dice cuál es tu actitud correcta, y la obediencia al alma te coloca en esa actitud. Es únicamente haciendo una entrega completa a lo más elevado que hay dentro de ti como puedes alcanzar el pensamiento sincero.

Mientras sepas que eres egoísta en tus objetivos o deshonesto o torcido en alguna manera en tus intenciones o prácticas, tu pensamiento será falso y tus pensamientos no tendrán poder. Piensa sobre el modo en que estás haciendo las cosas, acerca de todas las intenciones, propósitos y prácticas hasta que sepas que son correctas.

El hecho de tu propia unidad completa con lo supremo es un hecho que ninguna persona puede tomar sin tener un pensamiento profundo y sostenido. Cualquiera puede aceptar la proposición de una manera superficial, pero sentir y realizar una comprensión vital de ello es otro tema.

Es fácil pensar en ir al exterior de ti mismo para conocer el principio de poder, pero no es tan fácil pensar en ingresar dentro de ti para conocer este principio. Sin embargo, está ahí, y en lo sagrado de tu propia alma puedes conocerlo cara a cara. Es algo tremendo, este hecho de que todo lo que necesitas ya se encuentra dentro de ti, que no tienes que considerar cómo obtener el poder para hacer lo que quieres hacer o para convertirte en lo que quiere ser. Solamente tienes que considerar cómo utilizar el poder que tienes en el modo correcto. Y no hay nada que hacer excepto comenzar. Utiliza tu percepción de la verdad. Puedes ver alguna verdad hoy. Vive completamente al nivel de ello y verás más verdades mañana.

Para deshacerte de las viejas y falsas ideas, tienes que pensar bastante sobre el valor del ser humano, la grandeza y el valor de un alma humana. Debes terminar de buscar errores humanos y mirar a los éxitos, termina de ver faltas y ve virtudes. No puedes ya mirar al hombre y mujer como si fueran cosas perdidas y arruinadas que están descendiendo. Deebes llegar a considerarlos como almas brillantes que están ascendiendo hacia el cielo.

Requerirás algún ejercicio de poder de voluntad para hacer esto, pero este es el uso legítimo de la voluntad, el decidir en qué pensarás y cómo pensarás. La función de la voluntad es dirigir el pensamiento. Piensa sobre el buen lado del hombre, el encantador, la parte atractiva, y ejerce tu voluntad en rehusarte a pensar en cualquier otra cosa con relación a ellos.

No conozco a nadie que haya logrado tanto en este solo punto como Eugene V. Debs, dos veces candidato socialista para presidente de los Estados Unidos. Mr. Debs reverenciaba a la humanidad. Nadie recibía de él una palabra ingrata o censurada. No se podía estar en su presencia sin hacerse sensible de su interés personal en uno, profundo y complaciente. Nadie, ya sea millonario, un deslucido hombre trabajador o una mujer desgastada por el duro trabajo lo conocía sin recibir el calor radiante de un afecto de hermano sincero y verdadero. Ningún niño le hablaba en la calle sin recibir un reconocimiento instantáneo y cariñoso. Debs amaba a los hombres. Esto lo convirtió en la figura principal en un gran movimiento, el amado héroe de un millón de corazones, y le dio un nombre inmortal. Es una gran cosa amar al ser humano así y esto se logra por medio del pensamiento. Nada puede hacerlo grande excepto el pensamiento.

"Podemos dividir a los pensadores en aquellos que piensan en sí mismos y aquellos que piensan a través de los otros. Los últimos son la regla y los primeros son la excepción. Los

primeros son pensadores originales en un doble sentido, y egotistas en el sentido más noble de la palabra".

–Schopenhauer

"La clave para cada hombre es su pensamiento. Aunque se vea fornido y desafiante, tiene un timón al cual obedece, que es la idea tras la cual todos sus hechos son clasificados. Él únicamente puede ser reformado demostrándole una nueva idea que dirija a la suya".

–Emerson

"Todos los pensamientos verdaderamente sabios han sido ya pensados mil veces, pero para hacerlos realmente nuestros debemos pensarlos nuevamente, honestamente, hasta que tomen raíz en nuestra propia expresión personal".

–Goethe

"Todo lo que el hombre es externamente no es sino la expresión y cumplimiento de su pensamiento interior. Para trabajar efectivamente, debe pensar claramente. Para actuar noblemente, debe pensar noblemente".
–Channing

"Los grandes hombres son aquellos que ven que la espiritualidad es más fuerte que cualquier fuerza material, que los pensamientos dominan al mundo".
–Emerson

"Algunas personas estudian toda su vida y, al llegar su muerte, han aprendido todo, excepto a pensar".
–Domerque

"Es el pensamiento habitual el que se enmarca en nuestras vidas. Nos afecta aún más de lo que lo hacen nuestras relaciones sociales íntimas. Nuestros amigos confidenciales no tienen tanto que ver en moldear nuestras vidas como lo tienen los pensamientos que alojamos".

–J.W. Teal

"Cuando Dios libera a un gran pensador en este planeta, entonces todas las cosas están en riesgo. No hay una parte de la ciencia (exceptuando que su borde pueda ser girado mañana) ni ninguna reputación literaria o los así llamados nombres eternos de la fama que no puedan ser rehusados y condenados".

–Emerson

¡Piensa! ¡Piensa! ¡Piensa!

LA IDEA DE GRANDEZA

La idea que tiene la gente de un gran ser humano, de un ser humano más allá del promedio, antes de ser la de uno que sirve, es la de uno que tiene éxito en ser servido. Esta persona se coloca en una posición para comandar a los demás, para ejercer poder sobre ellos, haciéndolos obedecer su voluntad. El ejercicio del dominio sobre otras personas, para la mayoría, es una gran cosa.

Nada parece ser más dulce para el alma egoísta y las personas menos evolucionadas. Los seres humanos, apenas fueron colocados sobre la tierra, comenzaron a esclavizarse unos a otros. Por siglos, las luchas con guerras, diplomacia, política y gobierno han sido orientadas a asegurar el control sobre los otros. Los reyes y las princesas han empapado la faz de la tierra con sangre y lágrimas en el esfuerzo de extender sus dominios y su poder para gobernar a más personas.

La lucha en el mundo de los negocios hoy en día es la misma que aquella en los campos de batalla de Europa siglos atrás, al menos en cuanto a lo concerniente al principio de gobierno. Robert G. Ingersoll no podía entender cómo hombres como Rockefeller y Carnegie buscaban más dinero y se esclavizaban a la batalla de los negocios cuando ya tenían más dinero del que podrían posiblemente utilizar. Pensó que era una clase de locura y lo ilustró así: "Suponga que un hombre tiene cincuenta mil pares de pantalones, setenta y cinco mil chalecos, cien mil sacos y ciento cincuenta mil corbatas, ¿qué pensaría de él si se levantara en la mañana antes de que llegara la luz y trabajara hasta que estuviera oscuro todos los días, lloviera o no, en todo tipo de clima, con el único fin de conseguir otra corbata?".

Pero no es una buena similitud. La posesión de corbatas no le da al hombre poder sobre otro hombre, mientras que la posesión de dólares sí lo hace. Rockefeller, Carnegie y los de su tipo no estaban tras los dólares, pero sí tras el poder. La lucha por los lugares más altos desarrolla hombres capaces, hombres astutos, hombres ingeniosos, pero no grandes hombres.

Quiero que contrasten agudamente estos dos tipos de ideas de grandeza en sus mentes. "El más importante entre ustedes será siervo de los demás". Deja que me pare ante una audiencia de americanos promedio y les pregunte el nombre del americano más grande y muchos pensarán en Abraham Lincoln. ¿Y esto no es acaso porque nos reconocemos en Lincoln como en otro hombre que nos ha servido en la vida pública con un espíritu de ayuda? No servilismo, servicio. Lincoln era un gran hombre porque sabía cómo ayudar. Napoleón, capaz, frío, egoísta, buscando los lugares altos, era un hombre brillante. Lincoln era grande; Napoleón, no.

En el preciso instante en que comienzas a avanzar y eres reconocido como alguien que está haciendo cosas en un gran modo, te encontrarás en peligro. La tentación de patrocinar, aconsejar o tomar a tu cargo la dirección de los asuntos de otras personas es algunas veces casi irresistible.

Evita, de todas las formas posibles, el riesgo opuesto de caer en el servilismo tanto como el de de arrojarte completamente al servicio de los otros. Hacer esto ha sido el ideal de muchas grandes personas. Por ejemplo, se ha pensado que la vida completamente auto sacrificada era la vida de Cristo, a causa de, como yo pienso, una concepción completamente errónea del carácter y las enseñanzas de Jesús.

Miles de personas imitando a Jesús, como ellos suponen, se han menospreciado y han dejado de lado todo lo demás para ir por ahí haciendo el bien, practicando un altruismo que es realmente tan mórbido y tan lejos de la grandeza como el egoísmo más categórico. Los mejores instintos que responden al llamado de los problemas o de tormentos no son de ninguna manera todos tuyos, y no son necesariamente la mejor parte de ti.

Hay otras cosas que debes hacer aparte de ayudar a los desafortunados, aunque es cierto que una gran parte de la vida y actividades de todas las grandes personas deben ser entregadas para ayudar a otras personas. A medida que comiences a avanzar, ellos acudirán a ti. No los alejes.

Pero no cometas el error fatal de suponer que la vida de completa auto abnegación es el modo de la grandeza.

Para dar otro ejemplo, permíteme referirme al hecho de que la clasificación de Swedenborg de los motivos fundamentales es exactamente la misma que la de Jesús. Él divide a todos los hombres en dos grupos: aquellos que viven en amor puro y aquellos que viven en lo que él llama el amor de gobernar por el amor al ser.

Se verá que esto es exactamente lo mismo que el anhelo de ubicación y poder. Swedenborg vio este amor egoísta de poder como la causa de todo error. Era el único deseo maligno del corazón humano, del cual surgen todos los otros deseos malignos. En contra de esto, él ubica al amor puro. Él no dice amor de Dios o amor de hombre, sino, meramente, amor. Casi todas las religiones hacen más por amor y servicio a Dios de lo que hacen por amor y servicio al hombre. Pero es un hecho que el amor a Dios no es suficiente para salvar al hombre del anhelo de poder, ya que algunos de los amantes más ardientes de la deidad han sido los peores tiranos.

UN PANORAMA DE LA EVOLUCIÓN

¿Cómo podemos evitar arrojarnos hacia el trabajo altruista si estamos rodeados de pobreza, ignorancia, sufrimiento y todas las apariencias de la miseria en las que está inmersa tal cantidad de personas? Aquellos que viven donde la mano marchita de la necesidad es arrojada sobre ellos desde todos lados, suplicando por ayuda, deben encontrar difícil de evitar estar dando continuamente. Nuevamente, hay irregularidades sociales y otras injusticias provocadas en los débiles, irregularidades que disparan a las almas generosas con un deseo casi irresistible para poner bien las cosas. Queremos empezar una cruzada, sentimos que los errores nunca serán corregidos hasta que no nos entreguemos completamente a la tarea. En todo esto, debemos recalcar nuestro punto de vista. Debemos recordar que este no es un mundo malo, sino un mundo bueno en el proceso de hacerse.

Más allá de toda duda, hubo un tiempo cuando no había vida sobre esta tierra. La geología confirma el hecho de que el globo fue una vez una bola de gas ardiente y roca fundida, rodeada con vapores hirvientes. No sabemos cómo podría haber existido la vida con tales condiciones, eso parece imposible. La geología nos dice que más adelante se formó una corteza, el globo se enfrió y endureció, los vapores se condensaron y se convirtieron en niebla o cayeron en lluvia. La superficie enfriada se deshizo a tierra, la humedad se acumuló, lagos y mares se reunieron, y al fin, en algún lugar en el agua o sobre la tierra, apareció algo que estaba vivo.

Es razonable suponer que esta primera vida fue de organismos unicelulares, pero detrás de estas células estaba el insistente urgir de la vida buscando expresión. Y enseguida, organismos que tenían demasiada vida para expresarse con una célula tuvieron dos células y luego muchas, y aún más vida fue volcada en ellos. Organismos multicelulares fueron formados, plantas, árboles, vertebrados, mamíferos y muchos de ellos con formas extrañas, pero todos eran perfectos tras su propia clase. Sin duda, estos primeros seres eran formas brutas y casi monstruosas de ambas vidas, tanto animal como vegetal, pero todo cumplía su propósito en su día y era todo muy bueno. Luego vino otro día, el gran día del proceso evolutivo, un día en que las estrellas de la mañana cantaron juntas por la alegría de sostener el comienzo del final: el objeto al que se aspiraba desde el principio había aparecido en la escena.

Surgió un ser parecido a un simio, un poco diferente de las bestias alrededor de él en apariencia, pero infinitamente diferente en su capacidad de crecimiento y pensamiento. El arte y la belleza, la arquitectura y la canción, la poesía y la música, todas estas eran posibilidades sin realizar en el alma del hombre mono. Y por su tiempo y su clase, eso era muy bueno.

Desde el día en que el primer ser humano apareció, lo divino se ha reflejado más y más en él en cada sucesiva generación, urgiéndolo hacia logros más grandes y hacia mejores condiciones sociales, gubernamentales y domésticas. Desde el hombre mono hasta hoy, la humanidad ha tenido que elevarse. Y eso solo puede ser obtenido por medio de las revelaciones de los variados poderes y posibilidades latentes en el cerebro humano. Naturalmente, la parte del hombre más bruta y más animal llegó primero, antes de su desarrollo completo; por siglos, los hombres fueron brutales, sus gobiernos fueron brutales, sus religiones fueron brutales, sus instituciones domésticas fueron brutales, y lo que parece ser una inmensa cantidad de sufrimiento era el resultado de esa brutalidad. Pero mientras tanto, el urgir de la vida, insistente, poderoso, imponente, hizo que la humanidad siguiera moviéndose hacia delante, un poco menos de brutalidad en cada edad y un poco más de espiritualidad en cada edad.

En cada etapa hubo algunos individuos que estaban más avanzados que la masa y que escucharon y entendieron mejor el principio de poder que sus pares. Sobre estos, fue posada la mano inspiradora del espíritu y ellos fueron impulsados a hacerse intérpretes. Estos fueron los profetas y videntes, algunas veces los sacerdotes y los reyes, y frecuentemente también había mártires conducidos a la estaca, el bloque o la cruz, como Juana de Arco.

Nuevamente, considerando por un momento la presencia de lo que se llama maligno en el mundo, vemos que aquello que nos parece malo está únicamente en proceso de desarrollo. Todas las cosas son necesarias para el desenvolvimiento completo del hombre, todas las cosas en la vida humana son el trabajo de lo divino.

Al concluir esta visión de la evolución, nos podemos preguntar, ¿por qué fue hecho todo, para qué es? Esta cuestión debería ser fácil de responder para la mente pensante. Lo supremo deseaba expresarse, vivir en forma, y no únicamente eso, sino vivir en una forma a través de la cual se pudiera expresar en el plano moral y físico más elevado.

El final no está todavía. El objetivo no es la perfección de unos pocos especímenes seleccionados para una exhibición, como las grandes fresas en la parte superior de la caja, sino la glorificación de la humanidad toda. El tiempo llegará, el momento presagiado por el soñador de la Isla de Patmos, cuando no haya más llanto, ni haya ningún dolor más, porque las cosas anteriores han pasado todas, y no habrá noche allí.

SIRVIENDO A TU AMA

Los he conducido hasta aquí, a través de los dos capítulos precedentes, para asentar finalmente la cuestión del deber. Esta cuestión que nos desconcierta y deja perplejas a muchas personas que son serias y sinceras, y les crea una gran cantidad de dificultades en su solución. Cuando comienzan a hacer algo de sí mismos y practicar la ciencia de ser magníficos, se encuentran obligados necesariamente a reacomodar muchas de sus relaciones. Hay amistades que tal vez deben estar alienadas, hay parientes que no comprenden y sienten que están de alguna manera siendo menospreciados. La persona en realidad grande es generalmente considerada egoísta por un gran círculo de personas que están conectadas con ella y que sienten que puede concederles más beneficios de los que les brinda. La cuestión en principio es: ¿Es mi deber hacer lo máximo de mí mismo sin tener en cuenta cualquier otra cosa? ¿O debo esperar hasta poder hacerlo sin ninguna fricción o sin causarle pérdida a nadie?

Esta es la cuestión del deber con uno mismo versus el deber para con los otros. El deber de uno mismo en relación con el mundo ha sido discutido profundamente en las páginas precedentes y le doy alguna consideración ahora a la idea del deber para con lo más elevado en nuestro interior. Un inmenso número de personas tiene una gran incertidumbre, para no decir ansiedad, con respecto a lo que deben hacer. La cantidad de trabajo y servicio que es realizado, en el modo del trabajo de la iglesia y de otros, es inmenso. Una inmensa cantidad de energía humana es consumida en lo que se llama servir a lo divino. Les propongo que consideren brevemente lo que significa servir a lo más elevado del interior de cada quién y cómo una persona puede servir mejor.

El panorama de la evolución que hemos desarrollado muestra a el principio de poder buscando su expresión a través del ser humano. A través de todas las etapas sucesivas, al principio de poder ha continuado buscando su expresión. Cada generación de hombres es más divina que la generación precedente. Cada generación de hombres demanda más en el sentido de espléndidos hogares, agradables ambientes, trabajo interesante, descanso, viajes y oportunidades para estudiar, que la generación precedente.

He escuchado a algunos economistas cortos de vista discutir que las personas trabajadoras de hoy deben seguramente estar completamente satisfechas porque su condición es mucho mejor que aquella del hombre trabajador de hace doscientos años atrás, que dormía en una choza sin ventanas, sobre el piso, cubierto con pieles y en la compañía de sus cerdos. Si aquel hombre tuvo todo lo que él fue capaz de utilizar para vivir toda la vida como sabía vivirla, estuvo perfectamente satisfecho, y si eso le hubiera faltado, él no hubiera estado satisfecho.

El hombre de hoy tiene un hogar cómodo y muchas cosas, efectivamente, que eran desconocidas en un período atrás en el tiempo, y si tiene todo lo que puede utilizar para vivir toda la vida que puede imaginar, él estará satisfecho. Pero no está satisfecho. La humanidad se ha elevado tanto, que cualquier hombre común puede imaginarse una vida mejor y más deseable de la que es capaz de vivir con las condiciones existentes. Y mientras esto sea cierto, mientras un hombre pueda pensar e imaginar claramente una vida más deseable, estará descontento con la vida que tiene que vivir. Justamente, la insatisfacción es el universo urgiendo al ser humano hacia condiciones más deseables. Es el principio de poder el que busca expresión en la humanidad.

En consecuencia, el único servicio que le puedes rendir a lo más elevado de tu alma es darle expresión a lo que el principio de poder está tratando de darle al mundo a través tuyo. El único servicio que le puede rendir a lo divino es hacer lo mejor de ti mismo, para que el principio de poder pueda vivir en ti hasta las mejores de sus posibilidades. Lo divino y supremos está sobre, cerca, alrededor y en todos nosotros, buscando hacer grandes cosas con tan pronto como entrenemos nuestras manos y pies, nuestras mentes, cerebros y cuerpos para hacer su servicio.

Tu primer deber hacia lo más elevado de tu espíritu, hacia ti mismo y hacia el mundo es convertirte en una gran personalidad en todos los modos como le sea posible. Y eso, parece ser, dispone el sentido del deber.

Hay dos o tres otras cosas que pueden ser dispuestas al cerrar este capítulo. He dicho, en un modo general, que está dentro del poder de cada persona el hacerse grande. Pero estas arrolladoras generalizaciones necesitan calificación. Hay personas que tienen mentes tan materialistas, que son absolutamente incapaces de comprender la filosofía propuesta en estas páginas.

Hay una gran masa de hombres y mujeres que han vivido y trabajado hasta que son prácticamente incapaces de pensamientos a lo largo de la lectura de estas líneas y entonces no pueden recibir el mensaje. Algo puede hacerse por ellos, demostrando cómo vivir la vida que les fue brindada. Pero esa es la única manera en la que puede ser suscitado. El mundo necesita demostraciones más de lo que necesita enseñanzas. Para esta masa de personas, nuestro deber es hacernos tan grandes en personalidad como nos sea posible, para que puedan ver y deseen hacer algo similar. Es nuestro deber hacernos grandes por su bien, para que entonces podamos ayudar a preparar al mundo y que la próxima generación tenga mejores condiciones para el pensamiento.

Otro punto. Frecuentemente me escriben personas que desean hacer algo de sí mismos y moverse hacia fuera en el mundo, pero que están impedidos por ataduras hogareñas, teniendo a otros más o menos dependientes de ellos, temiendo que sufran si los dejan solos. En general, les aconsejo a estas personas que se muevan sin temor y hagan lo mejor de ellos mismos. Si hay una pérdida en el hogar, solamente será temporaria y aparente, porque, en un corto tiempo, si sigues al ESPÍRITU que te guía, serás capaz de cuidar mejor a los que dependen de ti de lo que lo has hecho alguna vez.

UN EJERCICIO MENTAL

El propósito del ejercicio mental no debe ser mal entendido. No hay virtudes en hechizos ni en retahílas de palabras. No hay atajos para llegar al desarrollo repitiendo plegarias o por medio de conjuros. Un ejercicio mental es eso, un ejercicio. No consiste en repetir palabras, sino en pensar ciertos pensamientos. Las frases que escuchamos repetidamente se hacen convicciones, como dice Goethe; y los pensamientos que pensamos repetidamente se hacen habituales, y nos hacen lo que somos. El propósito al realizar un ejercicio mental es que puedas sostener ciertos pensamientos repetidamente hasta que se te forme el hábito de pensarlos. Entonces, serán tus pensamientos todo el tiempo. Tomado en el modo correcto y con un entendimiento del propósito, los ejercicios mentales son de gran valor. Tomados en el modo que los toma la mayoría de las personas, son poco menos que inútiles.

Los pensamientos encarnados en el siguiente ejercicio son los que deberías pensar. Debes realizar el ejercicio una o dos veces al día, pero debes pensar los pensamientos continuamente. Esto es, no los pienses dos veces al día por un tiempo fijado y luego los olvides hasta que sea tiempo de realizar el ejercicio nuevamente. El ejercicio es para impregnarte con el material para el pensamiento continuo.

Toma un tiempo cuando puedas tener de veinte minutos a media hora libre de interrupciones, y procede primero a ponerte físicamente cómodo. Tiéndete relajadamente en una silla, sillón o en la cama. Es mejor estar acostado de espaldas. Si no tienes ningún otro momento libre, realiza el ejercicio al irte a la cama a la noche y antes de levantarte en la mañana.

Primero, deja que tu atención viaje sobre tu cuerpo desde la corona de tu cabeza hasta las plantas de tus pies, sintiendo cada músculo a su paso. Relájate completamente. A continuación, quita los dolores físicos y otros dolores de tu mente. Deja que tu atención baje por la columna vertebral y afuera, sobre los nervios a las extremidades. A medida que hagas eso, piensa:

"Mis nervios están en perfecto orden en todo mi cuerpo. Ellos obedecen mi voluntad y tengo gran fuerza nerviosa." A continuación, atrae tu atención a los pulmones y piensa:

"Estoy respirando profunda y silenciosamente, y el aire ingresa en cada célula de mis pulmones, que están en perfectas condiciones. Mi sangre se purifica y se limpia".

Luego, al corazón: "Mi corazón está latiendo fuerte y firmemente, y mi circulación es perfecta, aún hasta las extremidades".

A continuación, al sistema digestivo: "Mi estómago e intestinos ejercen su actividad perfectamente. Mi comida es digerida y asimilada y mi cuerpo reconstruido y nutrido. Mi hígado, riñones, y vejiga, cada uno, ejerce sus diversas funciones sin dolor ni esfuerzo. Estoy perfectamente bien. Mi cuerpo está descansando, mi mente esta silenciosa y mi alma está en paz.

No tengo ansiedad sobre temas financieros u otros. El principio de poder, que está dentro de mí, también está en todas las cosas que quiero, impulsándolas hasta mí. Todo lo que quiero ya me es otorgado. No tengo ansiedad sobre mi salud, porque estoy perfectamente bien. No tengo ninguna preocupación o temor en absoluto.

"Me elevo por sobre todas las tentaciones de maldad moral. Elimino toda avaricia, egoísmo y estrecha ambición personal. No sostengo envidia, malicia o enemistad hacia ningún alma viviente. No seguiré ningún curso de acción que no esté de acuerdo con mis ideales más altos. Yo soy correcto y haré lo correcto".

Punto de vista

Todo está bien con el mundo. Es perfecto y está avanzando hacia la plenitud. Contemplaré los hechos de la vida social, política e industrial únicamente desde este elevado punto de vista. Sostengo que todo está muy bien. Veré a todos los seres humanos, todos mis conocidos, amigos, vecinos y los miembros de mi propio hogar en el mismo modo. Todos son buenos. Nada está mal con el universo. Nada puede estar mal excepto mi propia actitud personal y, por lo tanto, mantengo eso correcto. Toda mi confianza está en Dios.

Entrega

Obedeceré a mi alma y seré verdadero a aquello dentro de mí que es lo más alto. Buscaré dentro la idea pura de lo correcto en todas las cosas y, cuando la encuentre, la expresaré en mi vida exterior. Abandonaré todo lo que he superado por lo mejor que pueda pensar. Tendré los pensamientos más elevados concerniendo a todas mis relaciones, y mi manera y acción expresarán estos pensamientos. Rindo mi cuerpo para que sea regido por mi mente. Concedo mi mente al dominio de mi alma. Entrego mi alma a la conducción de lo divino y grande.

Identificación

Hay un principio de poder del cual estoy hecho y con esto soy uno. Es mi origen, he procedido adelante y provengo de ello. Este principio es más grande que yo, y yo haré lo que se alinee con este. Me rindo a una unidad consciente con lo divino y supremo. El principio de poder está en todos lados. Soy solo uno con la conciencia eterna.

Idealización

Forma una imagen mental de ti como deseas ser y a la mayor altura que tu imaginación pueda idear. Habita en ello por algún corto tiempo, sosteniendo el pensamiento: Esto es lo que realmente soy, es una imagen de mi propia alma. Yo soy esto ahora en mi alma, y me estoy transformando en esto en manifestación externa.

Realización

Me apropio del poder para convertirme en lo que quiero ser y de hacer lo que quiero hacer. Ejercito energía creativa. Todo el poder que hay es mío. Yo surgiré y avanzaré con poder y confianza perfecta. Haré poderosos trabajos con la fuerza del principio de poder. Confiaré y no temeré, porque lo divino y grande está dentro mío.

UN RESUMEN DE *LA CIENCIA DE SER GRANDIOSO*

Todos los hombres están hechos de una sustancia inteligente, y por lo tanto todos contienen los mismos poderes esenciales y posibilidades. La grandeza es igualmente inherente a todos, y puede ser manifestada en todos. Cada persona puede hacerse grande. Cada constituyente de lo divino es un constituyente del hombre.

Muchos pueden superar la herencia y las circunstancias por medio del ejercicio del poder creativo inherente del alma. Si la persona va a convertirse en algo grande, el alma debe actuar, y debe gobernar al cuerpo y a la mente. El conocimiento del ser humano es limitado, y suele caer en errores debido a la ignorancia. Para evitar esto, la persona debe conectar su alma con el espíritu universal.

El espíritu universal es la sustancia inteligente de la cual provienen todas las cosas, y está en y a través de todas las cosas. Todas las cosas son conocidas por esta mente universal, y el ser humano puede entonces unirse con ella para entrar en todo el conocimiento.

Para hacer esto, la persona debe eliminar de sí misma todo lo que lo separa de lo divino. Debe desear vivir la vida superior, y debe elevarse sobre todas las tentaciones morales, debe abandonar todo curso de acción que no esté de acuerdo con sus más altos ideales.

La persona debe alcanzar el punto de vista correcto, reconociendo que lo divino es todo, está en todo, y por ello no hay nada malo. La persona debe ver que la naturaleza, el gobierno, la sociedad y la industria están bien en su etapa actual y están avanzando hacia la plenitud, y que todos los hombres y mujeres de todas partes son buenos según donde están. Debe saber que todo está correcto con el mundo, y unirse con el principio de poder para completar al mundo perfecto. Es solo cuando el ser humano ve a lo divino como la gran presencia progresiva en todo, y bueno en todo, que puede surgir a la grandeza real.

La persona debe consagrarse al servicio del altísimo que está dentro de sí, obedeciendo la voz del alma. Hay una luz interior en cada quien que lo impulsa continuamente hacia lo más alto, y debe ser guiado por esta luz si se quiere hacer grande.

El ser humano debe reconocer el hecho que somos uno con lo divino, y afirmar de manera consciente esta unidad para sí mismo y para todos los otros. Debe tener fe absoluta en sus propias percepciones de la realidad y comenzar a actuar sobre estas percepciones en su hogar. A medida que ve el curso correcto y verdadero en las pequeñas cosas, debe tomar este curso. Debe terminar de actuar impensadamente y comenzar a pensar, y debe ser sincero en su pensamiento.

La persona debe formar una concepción mental de sí misma en lo más alto, y sostener esta concepción hasta que esté en su pensamiento como una forma habitual de sí misma. Este pensamiento debe ser sostenido constantemente y realizado externamente, expresando ese pensamiento, dándole forma en las acciones. La persona debe hacer todo lo que hace en un gran modo. En el trato con su familia, sus vecinos, conocidos y amigos, se debe hacer una expresión del ideal.

Sin embargo, quien alcanza el punto de vista correcto y realiza una entrega completa, quien se idealiza completamente como un grande, y quien realiza cada acto, sin importar lo trivial, como una expresión del ideal, ya ha logrado la grandeza.

Todo lo que haga será hecho en un gran modo. Se hará conocido y será reconocido como una personalidad de poder. Esta persona recibirá conocimiento por medio de la inspiración y sabrá todo lo que necesite saber. Recibirá todas las riquezas materiales que forme en sus pensamientos, y no le faltará ninguna cosa buena. Le será brindada la habilidad para tratar con cualquier combinación de circunstancias que puedan surgir, y su crecimiento y progreso será continuo y rápido. Los grandes trabajos lo buscarán, y todos se entusiasmarán para hacerle honores.

FIN

La ciencia de estar *bien*

WALLACE D. WATTLES

INTRODUCCIÓN

Este volumen es el segundo de la serie y está enfocado en todos aquellos que quieren tener salud y que desean una guía práctica y manejable. Se trata de un instrumento para el uso del principio universal de la vida, y mi esfuerzo ha sido el de tratar de explicar todo de un modo tan sencillo y simple que el lector, aunque pueda no haber estudiado previamente, pueda seguirlo fácilmente en su camino hacia la salud perfecta. No he utilizado lenguaje técnico, incomprensible o difícil, y he mantenido un único punto de vista en todo momento.

Como afirma su título, el libro trata con la ciencia, no la especulación. Y lo mejor de todo es que los métodos de pensamiento y acción prescritos han sido probados por el mismo autor y en cientos de otros casos durante doce años de práctica, con un éxito continuo e inagotable.

Puedo decir de *La ciencia de estar bien* funciona. Dondequiera que se cumplan sus leyes, no puede fallar más de lo que puede fracasar en funcionar la ciencia de la geometría. Si los asuntos del cuerpo no han sido tan destruidos como para que sea imposible la continuación de la vida, es posible ponerse bien. Aquí encontrarás que, si piensas y actúas de cierto modo, te pondrás bien.

Recuerda que *La ciencia de estar bien* afirma ser una guía completa y suficiente en cada caso particular. Concéntrate en la manera de pensar y actuar que se prescribe, síguelo en cada detalle y te pondrás bien. Si ya te encuentras bien, así te mantendrás. Confiando en que continúes hasta que la bendición impagable de la salud perfecta sea tuya, me mantengo.

Sinceramente,

Wallace D. Wattles

EL ORIGEN DE LA SALUD

En este primer capítulo, explicaré de dónde proviene la salud de todo ser humano. Una vez entiendas de dónde proviene la salud, estarás listo para obtenerla.

En la aplicación personal de *La ciencia de estar bien*, ciertas verdades fundamentales deben ser conocidas. Algunas de estas verdades son las que especificamos aquí:

- La ejecución perfectamente natural de las funciones resulta de la acción natural del principio de la vida.
- Hay un principio de la vida en el universo. Se trata de la sustancia original de la cual están hechas todas las cosas. Esta sustancia se impregna, penetra y llena los espacios del universo y está en (y a través de) las cosas, como un éter muy refinado que se difunde y esparce. Toda la vida viene de ella, su vida es toda la vida que hay.
- El ser humano es una forma de esta sustancia y tiene dentro de él un principio de la salud. (La palabra principio se utiliza como significado de origen). El principio de la salud en el hombre, cuando está

en actividad constructiva completa, causa que todas las funciones voluntarias de su vida se ejecuten perfectamente. Es este principio el que realmente trabaja toda curación, sin importar que "sistema" o "remedio" sea empleado, y este principio es traído hacia la actividad constructiva por pensar en un CIERTO MODO.

Procedo ahora a probar esta última afirmación. Todos sabemos que las curaciones están formadas por todos los métodos diferentes y comúnmente opuestos, empleados en las varias ramas del arte de sanar. El alópata, que da una fuerte dosis de contra-veneno, cura a su paciente; y el homeópata, quien da una dosis diminuta del veneno más similar al de la enfermedad, también lo cura. Si la alopatía alguna vez curó cualquier enfermedad dada, es seguro que la homeopatía nunca curó esa enfermedad; y si la homeopatía alguna vez curó un malestar, la alopatía no habría podido posiblemente curar ese malestar.

Los dos sistemas son radicalmente opuestos en teoría y práctica; y, aún así, ambos "curan" la mayoría de las enfermedades. E incluso los remedios utilizados por médicos en una escuela no son los mismos.

Ve con un caso de indigestión a media docena de doctores, y compara sus prescripciones; es más que seguro que ninguno de los medicamentos de alguno de ellos ha sido igual al que te dieron los otros. ¿Acaso no debemos concluir que los enfermos son curados por un principio de la salud existente dentro de ellos mismos y no por alguna de las variables de los "remedios"?

No solo esto, sino que encontramos los mismos malestares curados por el traumatólogo con manipulaciones en la columna, por el sanador de fe con plegarias, por el científico de alimentos con menús especiales, por un científico cristiano con una declaración formulada de fe, por el científico mental con afirmaciones y por el higienista con diferentes planes de vida.

¿A qué conclusión podemos llegar frente a todos estos hechos, sino la de que hay un principio de la salud que es el mismo en todas las personas, que logra realmente todas las curaciones, y que hay algo en todos los "sistemas" que, en circunstancias favorables, despierta a la acción al principio de la salud? Esto es, medicinas, manipulaciones, plegarias, menús, afirmaciones y prácticas higiénicas curan cada vez que causan que se active el principio de la salud, y fracasan cada vez que no causan que se active.

¿Acaso todo esto no indica que el resultado depende más de la forma en que el paciente piensa sobre el remedio que sobre los ingredientes de la prescripción?

Hay una vieja historia que suministra una muy buena ilustración en este punto y que brindaré aquí. Se dice que, en la edad media, los huesos de un santo, mantenidos en uno de los monasterios, hacían milagros de curación. En ciertos días, una gran multitud desconsolada se reunía para tocar las reliquias y ser sanada.

En la víspera de una de esas ocasiones, algunos sinvergüenzas sacrílegos obtuvieron acceso al cajón en donde estaban guardadas las reliquias que trabajaban maravillas y robaron los huesos. En la mañana, con la multitud de pacientes acostumbrada esperando en el portal, los frailes se encontraron despojados de la fuente del poder del milagro.

Ellos resolvieron mantener el tema en silencio, esperando que, al hacer eso, pudieran encontrar al ladrón y recuperar sus tesoros. Apresurándose al sótano del convento, desenterraron los huesos de un asesino que había sido enterrado allí muchos años antes. Colocaron estos en el cajón, intentando crear una excusa creíble para el fracaso de que el santo realice sus acostumbrados milagros en ese día. Luego, dejaron entrar a la concurrencia en espera de los enfermos y los más débiles.

Para la sorpresa intensa de aquellos que conocían el secreto, los huesos del malhechor probaron ser tan eficaces como los del santo, y las curaciones continuaron como antes. Se dice que uno de los sacerdotes dejó un relato de lo ocurrido en el cual confesó que, para su juicio, el poder de curación había estado todo el tiempo en las mismas personas y nunca, en absoluto, en los huesos.

Si esta historia es cierta o no, la conclusión se aplica a todas las curas obtenidas por todos los sistemas. El poder que sana está en el paciente mismo, y que se haga activo o no lo haga no depende de los medios físicos o mentales utilizados, sino de la manera en que el paciente piensa en estos medios. Hay un principio universal de la vida, un gran poder de curación espiritual, y hay un principio de salud en el hombre que está relacionado con este poder. Puede estar latente o activo según la manera en que la persona piense. Siempre puede acelerarlo en actividad pensando de un cierto modo.

Que estés bien no depende de la adopción de algún sistema, o de encontrar algún remedio. Personas con malestares idénticos a los tuyos han sido sanadas por todos los sistemas y todos los remedios. No depende tampoco del clima. Algunas personas están bien y otros están enfermos en todos los climas. No depende de tu ocupación, a no ser por los casos de aquellos que trabajan bajo condiciones tóxicas. Las personas están bien en todos los oficios y profesiones.

Que tú estés bien depende de que comiences a pensar y actuar en un cierto modo. La manera en que el ser humano piensa sobre las cosas está determinada por lo que cree de ellas. Sus pensamientos están determinados por su fe y los resultados dependen de que realice una aplicación personal de su fe.

Si un hombre tiene fe en la eficiencia de una medicina y es capaz de aplicar esa fe en sí mismo, esa medicina ciertamente causará que sea curado; pero, aunque su fe sea grande, no se sanará a menos que la aplique en sí mismo. Muchas personas enfermas tienen fe por otros, pero no por sí mismos. Entonces, si tiene fe en un sistema de dietas y puede aplicar esa fe personalmente, lo curará; y si tiene fe en plegarias y afirmaciones y aplica personalmente su fe, las plegarias y afirmaciones lo curarán.

La fe, aplicada personalmente, cura. No importa cómo de grande sea la fe o cómo de persistente sea el pensamiento, no te curará sin tu aplicación personal. *La ciencia de estar bien*, entonces, incluye los dos campos de pensamiento y acción.

Para estar bien, no es suficiente que la persona deba pensar meramente en un cierto modo. Además, debe aplicar su pensamiento, y debe expresarlo y exteriorizarlo en su vida actuando de la misma manera en que piensa.

LOS FUNDAMENTOS DE LA FE

Antes de que una persona pueda pensar de un cierto modo que causará que su enfermedad sea curada, debe creer en ciertas verdades que están aquí especificadas.

- La sustancia crea por medio del pensamiento, tomando la forma de aquello en lo que piensa. El pensamiento de un movimiento causa que se instituya ese movimiento. Las formas son creadas por estas sustancias moviéndose hacia ciertos atributos y posiciones.

- Cuando la sustancia original desea crear una forma dada, piensa en los movimientos que producirá esa forma. Cuando desea crear un mundo, piensa en los movimientos, tal vez extendiéndose a través de las edades, que resultará en que ella se devenga en la actitud y forma del mundo, y estos movimientos son realizados. Las secuencias particulares de movimiento por las cuales las formas diferentes deben ser producidas son incambiables.

- El cuerpo del hombre está formado por la sustancia original y es el resultado de ciertos movimientos que primero existieron como pensamiento de la sustancia. Los movimientos que producen, renuevan y reparan el cuerpo del hombre son llamados funciones, y estas funciones son de dos clases: voluntarias e involuntarias.

- Las funciones involuntarias están bajo el control del principio de salud en el hombre y son ejecutadas en una manera perfectamente sana mientras la persona piense en un cierto modo. Las funciones voluntarias de la vida son comer, beber, respirar y dormir. Estas, enteramente o en parte, están bajo la dirección de la mente consciente del ser humano, y él puede ejecutarlas en una forma perfectamente sana. Si no las ejecuta en una forma perfectamente sana, no puede estar bien por mucho tiempo.

Entonces, vemos que, si la persona piensa en un cierto modo, y come, bebe, respira y duerme del modo correspondiente, estará bien.

Las funciones involuntarias de la vida están bajo el control del principio de salud, y mientras el hombre piense en una forma perfectamente sana, estas funciones serán ejecutadas perfectamente, porque la acción del principio de salud está dirigida mayormente por el pensamiento consciente del ser humano, afectando su mente subconsciente.

Una persona es un centro de pensamiento y a medida genera pensamiento no sabe todo, comete errores y piensa erróneamente. Sin saber todo, cree que algunas cosas son ciertas cuando no lo son. El hombre sostiene en su pensamiento la idea del funcionamiento y condiciones enfermas y anormales, y entonces pervierte la acción del principio de salud, causando funcionamiento y condiciones enfermas y anormales dentro de su propio cuerpo.

En la sustancia original solo se mantienen pensamientos de movimientos perfectos, funciones perfectas y sanas, vida completa. Pero, por tiempos inmemoriales, el hombre ha mantenido pensamientos de enfermedad, anormalidad, edad avanzada y muerte; y el funcionamiento resultante de estos pensamientos se ha convertido en parte de la herencia de la humanidad. Nuestros ancestros, por muchas generaciones, han mantenido ideas imperfectas concernientes a la forma y funcionamiento humanos. Comenzamos la vida con impresiones subconscientes de imperfección y enfermedad.

Esto no es natural ni una parte del plan de la naturaleza. El propósito de la naturaleza no puede ser otra cosa que la perfección de la vida. Esto lo vemos en la propia naturaleza de la vida misma. Es la naturaleza de la vida el avanzar continuamente hacia una vida más perfecta. El progreso es el resultado inevitable del acto mismo de vivir. El incremento es siempre el resultado de vivir activamente. Todo lo que viva debe vivir más y más.

La semilla, yaciendo en el granero, tiene vida, pero no está viviendo. Al colocarla en la tierra, se activa e inmediatamente comienza a acumular para sí la sustancia que la rodea y a construir una forma de planta. Esto creará un crecimiento tal que será producida una cabeza de semilla conteniendo treinta, sesenta o cien semillas, cada una teniendo tanta vida como la primera. La vida aumenta.

La vida no puede ser vivida sin incrementarse, y el impulso fundamental de la vida es vivir. Es en respuesta a este impulso fundamental por lo que funciona la sustancia original y por lo cual crea.

El universo es una vida magníficamente progresiva, y el propósito de la naturaleza es el progreso de la vida hacia la perfección, hacia el funcionamiento perfecto. El propósito de la naturaleza es la salud perfecta.

El propósito de la naturaleza, en cuanto a lo que concierne al hombre, es que debe estar avanzando continuamente hacia más vida y progresando hacia la vida perfecta. El ser humano debe vivir la vida más completa posible en su presente esfera de acción. Esto debe ser así, porque aquello que vive en el hombre está buscando más vida.

Dale a un niño pequeño un lápiz y un papel, y comenzará a dibujar figuras naturales. Esto es porque aquello que vive en él está tratando de expresarse como un arte. Dale un juego de bloques e intentará construir algo. Aquello que vive en él está buscando expresión en la arquitectura. Siéntalo delante de un piano y tratará de extraer armonía de las teclas. Aquello que vive en él está tratando de expresarse en la música.

Lo que habita en el ser humano siempre está buscando vivir más y, visto que el hombre vive mejor cuando está bien, el principio de la naturaleza en él puede buscar solamente salud. El estado natural del hombre es un estado de salud perfecto y todo en él, y en la naturaleza, tiende hacia la salud. La enfermedad no puede tener lugar en el pensamiento de la sustancia original, ya que su propia naturaleza está continuamente impulsada hacia la más completa y mejor vida perfecta; por lo tanto, hacia la salud. La enfermedad, que es función anormal (movimiento hecho imperfectamente o hecho en dirección hacia la vida imperfecta) no tiene lugar en el pensamiento de la sustancia original. La enfermedad es reconocida únicamente en el pensamiento del hombre.

De todo lo precedente, vemos que la salud es un hecho o verdad de la sustancia original de la cual todos estamos formados y que la enfermedad es el funcionamiento imperfecto, resultante de los pensamientos imperfectos del hombre, pasados y presentes. Si los pensamientos del hombre sobre él mismo hubieran sido de salud perfecta, no sería posible que el hombre estuviera ahora de otra manera que no fuera perfectamente sano.

Aquí clasificamos las verdades básicas de *La ciencia de estar bien*:

Hay una sustancia de pensamiento de la cual todas las cosas son hechas y que, en su estado original, se impregna, penetra y llena todos los espacios del universo. Es la vida del todo.

Un pensamiento en esta sustancia produce la forma y el movimiento. En relación con el ser humano, los pensamientos de esta sustancia siempre son de funcionamiento y salud perfectos.

Si el hombre piensa solamente pensamientos de salud perfecta, puede causar dentro de sí mismo el funcionamiento de salud perfecta. El poder de la vida será empleado para asistirlo. Sin embargo, este funcionamiento sano no continuará a menos que el hombre ejecute las funciones externas o voluntarias de vivir en una manera sana.

El primer paso debe ser aprender cómo pensar en la salud perfecta. El segundo paso es el de aprender cómo comer, beber, respirar y dormir en una manera perfectamente sana. Si la persona toma estos dos pasos, ciertamente estará bien y se mantendrá así.

LA VIDA Y SUS ORGANISMOS

El cuerpo humano es el sitio de sustento de una energía que se renueva cuando se gasta, que elimina la materia de desperdicio o venenosa y que repara el cuerpo cuando está roto o lastimado. A esta energía nosotros la llamamos vida. La vida no es generada o producida dentro del cuerpo, *produce el cuerpo*.

La semilla que ha sido guardada en el depósito por años crecerá cuando esté sembrada en la tierra, producirá una planta. Pero la vida en la planta no es generada por su crecimiento, es la vida la que hace que la planta crezca.

El desempeño de una función vital no causa la vida, es la vida la que causa la función al ser ejecutada. La vida está primero, la función está después.

La vida es el principio o fuerza que causa organización, que construye organismos.

Es un principio o fuerza inherente en la sustancia original. Toda la vida es una.

Este principio de vida del todo es el mismo principio de la salud en el hombre y se hace constructivamente activo cada vez que el hombre piensa en un cierto modo. Cualquiera que, entonces, piense de este modo tendrá seguramente salud perfecta si su funcionamiento externo está en conformidad con su pensamiento. Pero el funcionamiento externo debe conformar al pensamiento. El hombre no puede desear estar bien y pensando en salud si come, bebe, toma, respira y duerme como un hombre enfermo.

La sustancia original piensa solamente en la salud, porque ella sabe la verdad. Y no solo sabe toda la verdad, sino que tiene todo el poder, su poder vital es la fuente de toda la energía que hay. Una vida consciente que conoce toda la verdad y que tiene todo el poder no puede equivocarse o ejecutar funciones imperfectamente. Sabiéndolo todo, no puede ser enferma o pensar en enfermedad.

El ser humano es una forma de esta sustancia original y tiene una conciencia separada propia, pero su conciencia es limitada y, por lo tanto, imperfecta. En razón de su conocimiento limitado, el hombre puede y piensa equivocadamente, y entonces causa funcionamientos imperfectos en su propio cuerpo. El hombre no ha sabido demasiado, por eso se equivoca. El funcionamiento enfermo o imperfecto puede no resultar instantáneamente de un pensamiento imperfecto, pero seguro ocurrirá si el pensamiento se hace habitual.

Cualquier pensamiento mantenido continuamente por el hombre tiende al establecimiento de la condición correspondiente en su cuerpo.

También, el hombre ha fracasado en aprender cómo ejecutar las funciones voluntarias de su vida en una forma saludable. No sabe cuándo, qué, ni cómo comer; sabe poco sobre respirar; y menos sobre dormir. Hace todas esas cosas de una manera incorrecta y con las condiciones erróneas, porque ha dejado de seguir la única guía segura hacia el conocimiento de la vida. Ha intentado vivir por lógica antes que por instinto; ha hecho del vivir un tema de arte y no de naturaleza. Y se ha equivocado.

Su único remedio es comenzar a andar correctamente, y esto, seguramente, lo puede hacer. Es el trabajo de este libro el de enseñar, para que el hombre que lo lea sepa demasiado como para equivocarse.

Los pensamientos de enfermedad producen las formas de la enfermedad. El ser humano debe aprender a pensar en salud. Siendo la sustancia original la que toma la forma de sus pensamientos, la persona se convertirá en la forma de salud y manifestará salud perfecta en todo su funcionamiento. Aquellos que fueron sanados por tocar los huesos del santo fueron sanados realmente por pensar de un cierto modo y no por ningún poder emanado de las reliquias. No hay poder sanador en los huesos de un hombre muerto, sean los de un santo o un pecador. Las personas que fueron sanadas por las dosis del médico alópata o el homeópata también fueron realmente sanadas por pensar de un cierto modo. No hay ninguna droga que tenga dentro de sí misma el poder de curar una enfermedad.

Las personas que han sido curadas por plegarias y afirmaciones también fueron sanadas por pensar de un cierto modo. No hay poder curativo en retahílas de palabras. Todos los enfermos que han sido sanados por cualquier "sistema" han pensado de un cierto modo. Un pequeño examen nos demostrará cuál es este modo.

Las dos cosas esenciales para lograr el modo adecuado de pensamiento son la FE y una aplicación personal de la fe.

Las personas que tocaron los huesos del santo tenían fe. Tan grande era su fe, que en el mismo instante en que tocaron las reliquias, cortaron todas las relaciones mentales con la enfermedad y, en la mente, se unieron con la salud.

Este cambio de mentalidad fue acompañado por un sentimiento de devoción intenso que penetró en los nichos más profundos de sus almas, y así suscitó al principio de salud a llevar a cabo una acción poderosa. Ellos clamaron que fueron sanados por medio de la FE o que se apropiaron de la salud para sí mismos. Con completa fe, dejaron de pensar en sí mismos en conexión con la enfermedad y pensaron en sí mismos solamente en conexión con la salud.

Estos son los dos elementos esenciales para pensar en el modo correcto que te hará estar bien. Primero, reclama o aprópiate de la salud por medio de la fe. Segundo, separa todas las relaciones mentales con la enfermedad e ingresa en relaciones mentales con la salud.

Aquello que hacemos nosotros mentalmente es en lo que nos convertimos físicamente. Aquello con lo que nos unimos mentalmente es con lo que nos unificamos físicamente. Si tu pensamiento siempre te relaciona con la enfermedad, entonces tu pensamiento se convierte en un poder fijo para causar la enfermedad dentro de ti. Si tu pensamiento siempre te relaciona a la salud, entonces tu pensamiento se transforma en un poder fijo empleado para mantenerte bien.

En el caso de las personas que son sanadas por medio de medicinas, el resultado es obtenido del mismo modo. Ellos tienen consciente o inconscientemente suficiente FE en los medios utilizados para causarles que rompan las relaciones mentales con la enfermedad e que ingresen en una relación mental con la salud.

La fe puede ser inconsciente. Es posible para nosotros tener una fe subconsciente o innata en cosas como la medicina, en la cual no creemos objetivamente en ningún nivel. Esta fe subconsciente puede ser suficiente como para acelerar el principio de salud hacia la actividad constructiva. Muchos que tienen poca fe consciente son sanados en este modo, mientras muchos otros que tienen gran fe en los medios no son sanados porque no hacen ninguna aplicación personal en sí mismos; su fe es general, pero no específica para sus propios casos.

En *La ciencia de estar bien* tenemos dos puntos principales para considerar: primero, cómo pensar con FE; segundo, cómo aplicar el pensamiento en nosotros mismos para acelerar el principio de salud a una actividad constructiva. Comencemos por aprender qué pensar.

QUÉ PENSAR

Para poder separar todas las relaciones mentales de la enfermedad, debes ingresar en una relación mental con la salud, haciendo que el proceso sea positivo, no negativo. Estás para recibir o apropiarte de la salud antes que rechazar o negar la enfermedad. El negar la enfermedad no logra casi nada. Hace poco bien expulsar al enemigo y dejar la casa vacía, porque él regresará y se hará presente con otros peores que él. Cuando entras en relaciones mentales completas y constantes con la salud, debes, necesariamente, terminar toda relación con la enfermedad.

El primer paso es, entonces, entrar en una completa conexión de pensamiento con la salud.

La mejor forma de hacer esto es formar una imagen mental o ilustración de ti mismo estando bien. Imagina un cuerpo perfectamente fuerte y saludable y pasa suficiente tiempo contemplando esta imagen para hacerla el pensamiento habitual de ti mismo.

Esto no es tan fácil como suena, necesitas dedicarle suficiente tiempo a la meditación, y no todas las personas tienen la facultad de la imaginación lo suficientemente desarrollada como para formar una imagen mental distintiva de ellos mismos en un cuerpo perfecto o idealizado. Es mucho más fácil formar una imagen mental de las cosas que uno quiere tener, porque hemos visto estas cosas o sus contrapartes y sabemos cómo se ven, podemos ilustrarlas muy fácilmente en la memoria. Pero nunca nos hemos visto en un cuerpo perfecto, y una imagen mental clara es difícil de formar.

No es necesario o esencial, de todas maneras, tener una clara imagen mental de ti como deseas ser, solamente es esencial formar una concepción de salud perfecta y relacionarse con ella. Esta concepción de salud no es una imagen mental de una cosa particular, es un entendimiento de salud, y lleva con ella la idea de funcionamiento perfecto en todas las partes y órganos.

Puedes intentar imaginarte a ti mismo como perfecto en tu estado físico, eso ayuda. Pero, ante todo, debes pensar en ti haciendo todo en el modo de una persona perfectamente fuerte y saludable.

Puedes imaginarte caminando por una calle con un cuerpo erecto y un paso vigoroso. Puedes imaginarte haciendo tu trabajo diario fácilmente y con vigor excedente, nunca cansado o débil. Puedes ilustrar en tu mente cómo todas las cosas serán hechas por una persona llena de salud y poder.

Nunca pienses en el modo en que las personas débiles o enfermas hacen cosas. Siempre piensa en el modo en que las personas fuertes hacen cosas. Pasa tu tiempo libre pensando sobre la manera fuerte hasta que tengas una buena concepción de ella. Siempre piénsate a ti mismo en conexión con esta manera fuerte de hacer. Esto es lo que quiero decir con tener una concepción de salud.

Para poder establecer el funcionamiento perfecto de todas las partes, el hombre no tiene que estudiar anatomía o fisiología, formando una imagen mental de cada órgano por separado y dirigirse a él. No tiene que "tratar" a su hígado, sus riñones, su estómago o su corazón. Hay un principio de salud en el hombre que tiene control sobre todas las funciones involuntarias de su vida. El pensamiento de salud perfecta, impresionado sobre este principio, llegará a cada parte y órgano. El hígado del hombre no es controlado por un principio del hígado, su estómago por un principio digestivo y así ucesivamente. El principio de la salud es uno.

De hecho, permanece incierto cuánto puede ayudar el conocimiento sobre el cuerpo humano. El pensamiento imperfecto causa el funcionamiento imperfecto, que es la enfermedad. Déjame ilustrarlo: la fisiología alguna vez fijó en diez días el límite extremo de la resistencia del hombre sin comida, se consideró que solamente casos excepcionales podrían sobrevivir un ayuno más largo.

Entonces, se diseminó la impresión de que aquel que estaba privado de comida debía morir dentro de los cinco a diez días; y numerosas personas, cuando estuvieron privadas de comida por un naufragio, accidente o inanición, murieron dentro de ese período.

Con todo, casos como del Dr. Tanner, el ayunador de cuarenta días, y los escritos del Dr. Dewey y otros en la cura de ayuno, junto con los experimentos de un sin número de personas que han ayunado de cuarenta a sesenta días, han demostrado que la habilidad del hombre de vivir sin comida es bastamente mayor de lo que había sido supuesto.

Las personas que murieron de hambre en diez días o menos lo hicieron porque creían que la muerte era inevitable. Un idea de fisiología errónea les había dado un pensamiento erróneo sobre sí mismos.

Esto, en su mayor parte, es cierto de toda información brindada acerca de la salud. Hay ciertas proposiciones fundamentales que debemos saber y que serán explicadas en capítulos posteriores, pero aparte de estas proposiciones, no le prestes demasiada atención a ciencias como la fisiología o la higiene. No puedes estudiar ninguna "ciencia" que reconozca enfermedad si no estás pensando más que en salud.

Abandona la investigación con respecto a tu condición actual, sus causas o sus posibles resultados, y ponte en el trabajo de formar una concepción de salud.

Piensa sobre la salud y las posibilidades de la salud, del trabajo que puede ser realizado y los placeres que pueden ser disfrutados en una condición de salud perfecta. Luego, haz de esta concepción tu guía para pensar en ti; rehúsate a entretener, ni por un instante, cualquier pensamiento de ti mismo que no esté en armonía con ella. Cuando alguna idea de enfermedad o funcionamiento imperfecto ingrese a tu mente, expúlsala instantáneamente recurriendo a un pensamiento que esté en armonía con la concepción de salud.

Recuerda que, mientras pienses en ti en unidad con esta concepción, la sustancia original que impregna y llena los tejidos de tu cuerpo está tomando forma de acuerdo al pensamiento. No olvides que esta sustancia inteligente o materia de mente causará que la función sea realizada del cierto modo en el que tu cuerpo será reconstruido con células perfectamente sanas.

Sostén con persistencia el pensamiento de salud perfecta en relación contigo mismo, no te permitas pensar de ningún otro modo. Mantén este pensamiento con la fe perfecta de que es el hecho, la verdad. Es la verdad en cuanto concierne a tu cuerpo mental.

Tú tienes un cuerpo mental y un cuerpo físico. El cuerpo mental toma forma exactamente como piensas de ti mismo, y cualquier pensamiento que mantengas continuamente se hace visible por la transformación del cuerpo físico en su imagen. Inculcar el pensamiento de funcionamiento perfecto en el cuerpo mental causará, en el debido tiempo, el funcionamiento perfecto del cuerpo físico.

La transformación del cuerpo físico en la imagen del ideal mantenido por el cuerpo mental no se logra instantáneamente. No podemos transfigurar nuestros cuerpos físicos a voluntad. En la creación y recreación de formas, la sustancia se mueve a lo largo de líneas fijas de crecimiento que ha establecido y la impresión sobre ella del pensamiento de salud causa que el cuerpo sano sea construido célula por célula. Sosteniendo únicamente pensamientos de perfecta salud, ocasionarás finalmente el funcionamiento perfecto; y el funcionamiento perfecto producirá, en el debido tiempo, un cuerpo perfectamente sano.

Puede ser beneficioso condensar este capítulo así:

Tu cuerpo físico es permeable y lleno de una sustancia inteligente que forma a un cuerpo de material mental. Este material mental controla el funcionamiento de tu cuerpo físico. Un pensamiento de enfermedad o función imperfecta, impresionado sobre el material mental, causa enfermedad o funcionamiento imperfecto en el cuerpo físico.

Si estás enfermo, es porque pensamientos erróneos han hecho impresiones sobre este material mental. Estos pueden haber sido tus propios pensamientos o aquellos de tus padres. Comenzamos la vida con muchas impresiones subconscientes, correctas e incorrectas. Pero la tendencia natural de todas las mentes es hacia la salud, todos los funcionamientos internos llegarán a ser realizados en un modo perfectamente sano.

El poder de la naturaleza dentro de ti es suficiente para superar todas las impresiones hereditarias. Aprenderás a controlar tus pensamientos para que puedas pensar solamente en aquellos de salud y, si ejecutas las funciones voluntarias de la vida en un modo perfectamente sano, puedes, ciertamente, estar bien.

FE

El principio de la salud es movilizado por la fe. Nada más puede llamarlo a la acción. Solamente la fe puede posibilitar que te relaciones con la salud y cortes, en tus pensamientos, la relación con la enfermedad.

Continuarás pensando en enfermedad a menos que tengas fe en la salud. Si no tienes fe, dudarás; si dudas, temerás; y si temes, te relacionarás en la mente con aquello a lo que temes.

Si le temes a la enfermedad, pensarás de ti mismo en conexión con la enfermedad. Esto producirá dentro de ti la forma y los movimientos de la enfermedad. Tu cuerpo mental, que es sustancia original, tomará la forma y movimiento de cualquier cosa en la que pienses. Si le temes a la enfermedad, tienes terror a la enfermedad, tienes dudas sobre tu seguridad por culpa de la enfermedad o si incluso contemplas a la enfermedad, entonces te conectarás con ella y crearás sus formas y movimientos dentro de ti.

Déjame extenderme un poco sobre este punto. La potencia o poder creativo de un pensamiento es otorgada a él mismo por la fe que está en él.

Los pensamientos que no contienen fe no crean formas.

Si te imaginaras un pensamiento en la sustancia sin formar en la cual no hubiera fe, verías que dicho pensamiento no puede causar que la sustancia se mueva o tome forma.

Mantén en tu mente el hecho de que solo aquellos pensamientos que son concebidos en la FE tienen energía creativa. Solamente aquellos pensamientos que tienen FE con ellos son capaces de cambiar una función o de acelerar el principio de salud hacia la actividad.

Si no tienes FE en la salud, tendrás ciertamente fe en la enfermedad. Si no tienes fe en la salud, no te harás ningún bien al pensar en la salud, porque tus pensamientos no tendrán potencia y no causarán ningún cambio para mejor en tus condiciones.

Para poder practicar *La ciencia de estar bien*, debes tener una fe completa en la salud.

La fe comienza con la creencia. Ahora arribamos a la pregunta: *¿En qué debes creer para tener fe en la salud?*

Debes creer que hay más poder de salud que poder de enfermedad en ti y en el ambiente. No puedes evitar creer en esto si considera los hechos aquí anteriormente mencionados.

- Hay una sustancia de pensamiento de la cual todas las cosas son hechas y que, en su estado original, se impregna, penetra y llena todos los espacios del universo.

- Un pensamiento de forma en esta sustancia produce la forma; un pensamiento de movimiento produce el movimiento. En relación con el hombre, los pensamientos de esta sustancia siempre son de funcionamiento perfecto y salud perfecta. Esta sustancia, dentro y fuera del hombre, siempre emplea su poder hacia la salud.

- El hombre es un centro de pensamiento capaz de originar pensamiento. Tiene un cuerpo mental de sustancia original que impregna a un cuerpo físico, y el funcionamiento de este cuerpo físico es determinado por la fe de su cuerpo mental. Si un hombre piensa con fe en el funcionamiento de la salud, causará que sus funciones internas sean ejecutadas de una manera saludable, estipulando que realice sus funciones externas en una manera acorde.

La sustancia inteligente original está en el hombre, moviéndose hacia la salud, y presionando sobre él de todos los lados. El hombre vive, se mueve y tiene su ser en el océano sin límites del poder de la salud, y utiliza este poder de acuerdo a su fe. Si ese poder se apropia de él y él lo aplica en sí mismo, es todo suyo; y si se unifica con él sin cuestionar la fe, no puede fracasar en lograr la salud, ya que el poder de esta sustancia es todo el poder que hay.

Una creencia en la afirmación anterior es un fundamento para la fe en la salud. Si crees en ella, crees que la salud es el estado natural del hombre, y que el hombre vive en medio de la salud universal, que todo el poder de la naturaleza va hacia la salud, que la salud es posible para todos y que puede, seguramente, ser alcanzada por todos.

Creerás que el poder de salud del universo es diez mil veces mayor que el de la enfermedad; de hecho, esa enfermedad no tiene ningún poder en absoluto, siendo solamente el resultado de la fe y el pensamiento erróneos. Si crees que la salud es posible para ti, que puede seguramente ser alcanzada por ti, y que tú sabes exactamente qué hacer para poder lograrla, tendrás fe en la salud. Tú tendrás esta fe y conocimiento si lees este libro con cuidado y determinas creer y practicar estas enseñanzas.

No es meramente la posesión de la fe sino su aplicación personal la que trabaja para tus curaciones. Debes pretender salud desde el comienzo y formar una concepción de la salud y de ti como una persona perfectamente sana. Entonces, por la fe, debes sostener que estás realizando esta concepción.

No afirmes con fe que te pondrás bien, afirme con fe que estás bien.

Teniendo FE en la salud y aplicándola a ti mismo, significará tener fe en que estás sano. El primer paso en esto es afirmar que es la verdad.

Mentalmente toma la actitud de estar bien y no digas nada o hagas nada que contradiga esta actitud. Nunca hables una palabra o asumas una actitud física que no armonice con la afirmación: "Yo estoy perfectamente bien".

Cuando camines, sal con un paso enérgico y con tu pecho hacia fuera, tu cabeza en alto. Observe que, en todo momento, tus acciones físicas y actitudes son las de una persona sana. Cuando encuentres que has recaído en la actitud de debilidad o enfermedad, cambia inmediatamente: enderézate; piensa en salud y poder. Rehúsa considerarte como otra cosa que no sea una persona perfectamente sana.

Una gran ayuda (tal vez el mejor apoyo) en aplicar tu fe la encontrarás en el ejercicio de la gratitud. Cada vez que pienses en ti o en tu condición de progreso, agradécele a la gran sustancia inteligente por la salud perfecta que estás disfrutando.

Recuerda que, como enseñó Swedenborg, hay una afluencia continua de vida desde lo supremo que es recibida por todas las cosas creadas de acuerdo a sus formas y por el hombre de acuerdo a su FE. Lo divino está siempre instando por tu salud. Cuando pienses en esto, debes elevar tu mente reverentemente agradeciendo que has sido guiado a la verdad y hacia la salud perfecta de la mente y el cuerpo. Conserva, todo el tiempo, un marco mental de gratitud y deja que la gratitud sea evidente en tu discurso. La gratitud te ayudará a poseer y controlar tu propio campo de pensamiento.

Cada vez que se te presente el pensamiento de enfermedad, sosten a la salud inmediatamente y agradece por la salud perfecta que tienes. Haz esto para que no haya lugar en tu mente para un pensamiento de enfermedad. Cada pensamiento conectado en cualquier forma con la mala salud no es bienvenido, y debes cerrar la puerta de tu mente afirmando que estás bien y agradeciendo por ello. En poco tiempo, los viejos pensamientos no volverán más.

La gratitud tiene un efecto doble: fortalece tu propia fe y te trae a relaciones cercanas y armoniosas con la realidad suprema, relacionándote íntimamente a ella al sentir gratitud continua.

Es fácil ver que, cuanto más íntimamente te relacionas con la fuente de vida, más prontamente puedes recibir vida de ella. Es también fácil ver que tu relación con ella es una cuestión de actitud mental.

No podemos acceder a una relación física con lo divino, porque es materia mental y nosotros también somos materia mental. Nuestra relación debe ser, por lo tanto, una relación mental. Es sencillo, entonces, que el ser humano que sienta gratitud profunda y abundante viva con una sensación más cercana a lo supremo que quien que nunca lo mira en gratitud. La mente ingrata o desagradecida realmente niega que lo recibe todo, y así corta su conexión con lo supremo. La mente agradecida siempre está mirando hacia lo divino y siempre está abierta a recibir, y recibirá continuamente.

El principio de salud en el hombre recibe su poder vital del principio de la vida en el universo. El ser humano se relaciona con el principio a través de la fe en la salud y por la gratitud de la salud que recibe.

El hombre puede cultivar fe y gratitud por medio de la utilización correcta de su voluntad.

UTILIZACIÓN DE LA VOLUNTAD

En la práctica de *La ciencia de estar bien* la voluntad no es utilizada para obligarte a ir a donde no estás realmente capacitado para ir o de hacer cosas que no estás físicamente fuerte como para hacer. No dirige la voluntad sobre tu cuerpo físico o trata de imponer la realización correcta de ninguna función interna por medio del poder de la voluntad.

Debes dirigir la voluntad sobre la mente y utilizarla para determinar lo que debes creer, lo que debes pensar, y a lo que debes darle tu atención.

La voluntad nunca debe ser utilizada sobre ninguna persona o cosa externa a ti, y nunca debe ser usada sobre tu propio cuerpo. El único legítimo uso de la voluntad es en determinar a qué le debes dar tu atención, y lo que debes pensar acerca de las cosas a las que les prestas atención.

Toda creencia comienza en la voluntad de creer.

No siempre e instantáneamente puedes creer lo que deseas creer; pero siempre creerás lo que quieras creer. Si quieres creer la verdad sobre la salud, puedes tener la voluntad de hacerlo. Las afirmaciones que has estado leyendo en este libro son la verdad sobre la salud, y puedes tener voluntad para creer en ellas. Este debe ser tu primer paso hacia estar bien.

Estas son las afirmaciones que debes creer:

- Que hay una sustancia de pensamiento de la cual todas las cosas están hechas y que el hombre recibe el principio de salud (que es su vida) de esta sustancia.

- Que el ser humano mismo es sustancia de pensamiento, un cuerpo mental, haciendo permeable un cuerpo físico y que, como sean los pensamientos del hombre, así será el funcionamiento de su cuerpo físico.

- Que si el hombre tuviera solamente pensamientos de salud perfecta, ello debe causar (y causará) que el funcionamiento interno e involuntario de su cuerpo sea el funcionamiento de la salud, disponiendo que su funcionamiento y actitud externas y voluntarias estén en concordancia con sus pensamientos.

Cuando tienes la voluntad de creer en estas afirmaciones, también debes comenzar a actuar sobre ellas. No puedes retener una creencia a menos que actúes sobre la misma. No puedes aumentar una creencia hasta que se convierta en fe, a menos que puedas actuar sobre ella. Ciertamente, no puedes esperar de ninguna manera recibir beneficios de una creencia mientras actúes como si fuera cierto lo opuesto.

No puedes mantener por mucho tiempo la fe en la salud si continúas actuando como una persona enferma. Si continúas actuando como una persona enferma, no puedes evitar continuar pensando en ti mismo como una persona enferma y si continúas pensando en ti como una persona enferma, continuará siendo una persona enferma.

El primer paso hacia actuar externamente como una persona que está bien es comenzar a actuar internamente como una persona que está bien. Forma tu concepción de salud perfecta y colócate dentro de la manera de pensar sobre la salud perfecta hasta que comiences a tener un significado definitivo para ti. Imagínate haciendo las cosas que una persona fuerte y saludable haría y ten fe en que puedes hacerlas y harás esas cosas de esa manera; continúa hasta que tengas una concepción vívida de la salud, y lo que esto significa para ti.

Cuando hablo en este libro de una concepción de salud, significa una concepción que implica la idea del modo en que la persona sana mira y hace las cosas. Piense en ti en conexión con la salud hasta que se forme una concepción de cómo vivirías, parecerías, actuarías y harías cosas como una persona perfectamente saludable. Piensa acerca de ti en conexión con la salud hasta que te veas a sí mismo, en la imaginación, haciendo siempre todo en el modo en que lo hace una persona que está bien, hasta que el pensamiento de salud transmita la idea de lo que la salud significa para ti. Como he dicho en un capítulo anterior, puede ser que no puedas formar una imagen mental clara de ti en perfecta salud, pero puedes formar una concepción de ti actuando como una persona sana.

Forma esta concepción y luego piensa solamente pensamientos de salud perfecta en relación contigo mismo y, hasta donde sea posible, en relación con los otros. Cuando un pensamiento de enfermedad o dolencia se presente ante ti, no dejes que entre en tu mente. Afróntalo pensando en salud, pensando que estás bien y mostrándote sinceramente agradecido por la salud que estás recibiendo.

Cada vez que las sugerencias de enfermedad estén viniendo en forma pesada y rápida sobre ti y te sientas en una "posición difícil", respáldate en el ejercicio de la gratitud. Conéctate con lo supremo, agradécele por la salud perfecta y pronto te encontrarás con la capacidad suficiente como para controlar tus pensamientos, pensar lo que quieras pensar. En momentos de dudas, prueba y tentación, el ejercicio de la gratitud es siempre un ancla que evitará que seas barrido.

Recuerda que el gran elemento esencial es cortar todas las relaciones mentales con la enfermedad e ingresar en una relción mental completa con la salud. Esta es la clave para todas las curaciones mentales.

Aunque no hay poder de curación en la repetición de una retahíla de palabras, aun así, es una cosa muy conveniente tener los pensamientos centrales formulados de manera que puedas repetirlos fácilmente, así los podrás utilizar como afirmaciones cada vez que estés rodeado por un ambiente que te dé sugerencias adversas. Cuando aquellos alrededor de ti comienzan a hablar de enfermedad y muerte, cierra tus oídos y, mentalmente, repite algo similar a lo siguiente:

Hay una sustancia y yo soy esa sustancia.

Esa sustancia es eterna y es vida. Yo soy esa sustancia y yo soy vida eterna.

Esa sustancia no conoce enfermedad. Yo soy esa sustancia y yo soy salud.

Ejercita tu poder de voluntad en elegir solo aquellos pensamientos que son pensamientos de salud. Acomoda tu ambiente para que este sugiera pensamientos de salud. No tengas alrededor de ti libros, ilustraciones u otras cosas que sugieran muerte, enfermedad, deformidad, debilidad o envejecimiento. Ten solamente aquellos que transmiten las ideas de salud, poder, alegría, vitalidad y juventud.

Cuando seas enfrentado con un libro o cualquier otra cosa que sugiera enfermedad, no le prestes atención.

Piensa en tu concepción de salud y su gratitud, y afirma lo que leíste anteriormente. Utiliza su poder de voluntad para fijar tu atención sobre los pensamientos de salud. En un capítulo futuro, mencionaré este punto nuevamente. Lo que deseo hacer simple aquí es que logres pensar solamente en salud, reconocer solo salud, darle tu atención solo a la salud, y controlar el pensamiento, reconocimiento y atención por medio de la voluntad.

No intentes utilizar tu voluntad para imponer la ejecución sana de las funciones dentro de ti. El principio de la salud se hará cargo de eso si prestas atención solamente a los pensamientos de salud. No intentes ejercer tu voluntad sobre la sustancia para imponer que ella te brinde más vitalidad o poder. ¡Ya estás colocando a tu servicio todo el poder que hay!

No tienes que utilizar tu voluntad para conquistar en condiciones adversas o para dominar fuerzas poco amigables. No hay fuerzas poco amigables, solamente hay una fuerza y esa fuerza es amigable para ti, es una fuerza que se mueve hacia tu salud.

Todo en el universo quiere que estés bien, no tienes absolutamente nada que vencer excepto tu propio hábito de pensar de un cierto modo sobre la enfermedad. Puedes hacer esto solamente formando el hábito de pensar de otro modo acerca de tu salud.

El hombre puede causar que todas las funciones internas de su cuerpo sean ejecutadas en un modo perfectamente sano pensando continuamente en la salud y realizando las funciones externas en concordancia con ello.

Puedes pensar en este modo controlando tu atención, y puedes controlar tu atención usando tu voluntad.

OBTENCIÓN DE LA SALUD EN LO SUPREMO

Dedicaré ahora un capítulo para explicar cómo el hombre puede recibir salud de lo supremo. Por lo supremo, me refiero a la sustancia pensante de la cual todas las cosas están hechas, y que está en todo y a través de todo, buscando una más completa expresión y una vida más plena y abundante. Se trata de la fuente de toda la energía y poder, y constituye la "afluencia" de la vida que Swedenborg dijo, vitalizando todas las cosas. Está trabajando hacia un fin definitivo y para el cumplimiento de un propósito. Ese propósito es el progreso de la vida hacia la expresión completa de la mente. Cuando el ser humano se armoniza con la inteligencia, esta puede darle (y le dará) salud y sabiduría. Cuando el ser humano se mantiene firme al propósito de vivir más abundantemente, llega a una armonía con su inteligencia suprema.

Puesto que el propósito de la inteligencia suprema es la vida, en tu caso, este propósito es que tú vivas más abundantemente. Si, entonces, tu propio propósito es vivir con abundacia, entonces estás unificado con lo supremo, estás trabajando en ello y así trabajará contigo.

Pero como la inteligencia suprema está en todos, *si te armonizas con ella debes armonizarte con todos y desear vida más abundante para todos, así como también para ti.* Dos grandes beneficios llegan a ti por estar en armonía con la inteligencia suprema.

Primero, recibirás sabiduría. Por sabiduría, no quiero decir el conocimiento de los hechos, sino más bien la habilidad para percibir y entender hechos, y juzgar sensatamente y actuar correctamente en todos los temas relacionados con la vida. La sabiduría es el poder para percibir la verdad y la habilidad para hacer el mejor uso de la sabiduría de la verdad. Es el poder para percibir inmediatamente el mejor fin al cual aspirar.

Con la sabiduría, viene la serenidad y el poder para pensar debidamente; de controlar y guiar tus pensamientos, y de evitar las dificultades que vienen de pensamientos erróneos. Con la sabiduría, serás capaz de seleccionar los cursos correctos para tus necesidades particulares. Así, te gobernarás a ti mismo en todas las formas para asegurar los mejores resultados. Tú sabrás cómo hacer lo que quieres hacer. Puedes ver fácilmente que la sabiduría debe ser un atributo esencial de la inteligencia suprema, ya que aquello que conoce toda la verdad debe ser sabio. Tú podrás ver cómo obtendrás sabiduría justo en la medida en que te armonizas y unificas tu mente con esa inteligencia.

Con todo, repito, ya que esta inteligencia es todo y está en todo, puedes ingresar en la sabiduría solamente armonizando con todo. Si hay algo en tus deseos o propósitos que llevara opresión a alguno, significara una injusticia o causara la falta de la vida para alguno, entonces no podrás recibir la sabiduría de lo supremo. Más aún, tu propósito para los demás debe ser el mejor.

Una persona puede vivir de tres maneras generales diferentes: para la gratificación de su cuerpo, para la de su intelecto o para la de su alma.

La primera se logra satisfaciendo los deseos de comida, bebida y aquellas otras cosas que dan sensaciones físicas deleitables. La segunda se logra haciendo aquellas cosas que causan sensaciones mentales placenteras, como la gratificación del deseo por los conocimientos o aquellos por vestimenta fina, poder, fama y así en más. El tercero se logra entregándose a los instintos del amor y altruismo desinteresados.

Una persona vive más sabia y completamente cuando funciona perfectamente sobre todas estas líneas, sin excesos en ninguna de ella. La persona que vive solamente para el cuerpo es insensata y no está en armonía con lo divino. Aquella persona que vive solamente para los fríos placeres del intelecto (aunque sea absolutamente moral) es insensata y no está en armonía con lo divino. Finalmente, la persona que vive totalmente y solo para practicar el altruismo, y que se proyecta por otros, es insensata y está tan lejos de armonizar con lo divino como aquellos que llegan a los excesos de otras maneras.

Para llegar a la armonía completa con lo supremo, te debes proponer vivir hasta el extremo de tus capacidades en tu cuerpo, mente y alma. Esto debe significar el ejercicio total de funciones de todas las maneras diferentes, pero sin excesos. El exceso es causa de una deficiencia en las otras. Detrás de tu deseo para tener salud está tu propio deseo de vivir una vida más abundante; y detrás de eso está el deseo de lo supremo de vivir más completamente en ti.

Entonces, mientras avanzas hacia la salud perfecta, sosténte firmemente al propósito de obtener una vida completa, física, mental y espiritual, para así progresar en todas las maneras y poder vivir más. Si sostienes este propósito, te será proporcionada la sabiduría. La sabiduría es el regalo más deseable que puede llegar al ser humano, porque lo hace debidamente auto gobernante.

Sin embargo, la sabiduría no es todo lo que puedes recibir de la inteligencia suprema. Tú puedes recibir también energía física, vitalidad y fuerza de vida. La energía de la sustancia es ilimitada y todo lo hace permeable. Ahora mismo ya estás recibiendo y apropiándote de esta energía de una manera automática e instintiva, pero puedes hacerlo a un grado mayor si te pones a hacerlo inteligentemente. La medida de la fuerza del hombre no es la que lo supremo está dispuesto a darle, sino la que él mismo tiene la voluntad y la inteligencia de apropiarse. La inteligencia suprema da todo lo que hay, tu única cuestión es cuánto tomar de ese abastecimiento ilimitado.

El Profesor James ha señalado que, aparentemente, no hay límite para los poderes del ser humano, y esto es, simplemente, porque el poder del hombre proviene de la reserva inexhaustible de lo supremo.

El corredor que ha alcanzado la fase de agotamiento, cuando su poder físico parece haberse acabado completamente, al seguir corriendo de CIERTO MODO puede recibir su "segundo aliento". Su fuerza es renovada en una manera similarmente milagrosa y puede continuar indefinidamente. Por continuar en este modo, puede recibir un tercer, cuarto y quinto "aliento". No sabemos dónde está el límite o cuán lejos se puede extender.

La condición es que el corredor debe tener fe absoluta en que la fuerza surgirá. Él debe pensar firmemente en la fuerza y tener confianza perfecta en que él la tiene y que debe continuar corriendo. Si admite una duda dentro de su mente, caerá exhausto. Si se detiene para esperar la concesión de fuerza, esta no vendrá nunca.

Su fe en la fuerza, su fe en que puede continuar corriendo, su propósito inalterable de continuar corriendo y su acción consecuente parecen conectar al corredor a la fuente de energía de un modo que le trae un nuevo abastecimiento.

En una forma muy similar, la persona enferma que tiene una fe incuestionable en la salud, cuyo propósito la coloca en armonía con la fuente, y que realiza las funciones voluntarias de la vida en cierto modo, recibirá la energía vital suficiente para todas sus necesidades y para la curación de todas sus enfermedades. La inteligencia suprema, que busca vivir y expresarse a sí misma completamente en el ser humano, se deleita en darle todo lo que es necesario para la vida más abundante.

La acción y la reacción son iguales. Cuando deseas vivir más, si está en armonía mental con lo supremo, las fuerzas que hacen a la vida comienzan a concentrarse alrededor y sobre ti. La vida comienza a moverse hacia ti, y tu ambiente se sobrecarga con ella. Entonces, si te apropias de ella por medio de la fe, es tuya. Pide lo que desees y te será entregado.

RESUMEN DE ACCIONES MENTALES

Déjeme ahora resumir las acciones y actitudes mentales necesarias para practicar *La ciencia de estar bien*. Para empezar, debes creer que hay una sustancia pensante de la cual están hechas todas las cosas y que, en su estado original, se impregna, penetra y llena el espacio del universo. Esta sustancia es la vida de todo y está buscando expresar más vida en todo. Es el principio de la vida del universo y el principio de la salud en el hombre. El hombre es una forma de esta sustancia y toma su vitalidad de ella, es un cuerpo pensante de la sustancia original, impregnada en su cuerpo físico, y los pensamientos de su cuerpo pensante controlan el funcionamiento de su cuerpo físico. Si el hombre no piensa ningún pensamiento excepto aquellos de salud perfecta, las funciones de su cuerpo físico serán realizadas en la manera de la salud perfecta.

Si te relacionaras en forma consciente a lo que es toda salud, tu propósito sería el de vivir completamente en cada plano de tu ser. Debes querer todo lo que hay en la vida para el cuerpo, la mente y el alma. Esto te llevará a la armonía con toda la vida que hay.

La persona que está en armonía consciente e inteligente con el todo recibirá una afluencia continua de poder vital de la vida suprema. Esta afluencia es evitada por medio de las actitudes mentales como el enojo, el egoísmo y las actitudes discrepantes. Si estás en contra de cualquier parte, tendrás relaciones incompletas con el todo. Tú recibirás vida, pero solo instintiva y automáticamente, no inteligentemente ni con propósito.

Puedes ver que, si eres mentalmente antagonista a alguna de las partes, no puedes estar en armonía completa con el todo. Por lo tanto, reconcíliate con todos y con todo antes de ofrecer culto. *Desea para todos todo lo que deseas para ti mismo.*

Al lector se le recomienda leer *La ciencia de hacerse rico* en lo concerniente a la mente competitiva y la mente creativa. Es muy dudoso que uno que ha perdido la salud pueda recuperarla completamente mientras mantenga una mente competitiva. Estando en un plano creativo o de buena voluntad en la mente, el próximo paso es formar una concepción propia como en salud perfecta, y no mantener ningún pensamiento que no esté en armonía completa con esta concepción. Ten fe en que, si solo tienes pensamientos de salud, establecerás en tu cuerpo físico el funcionamiento de la salud. Utiliza tu voluntad para determinar que tendrás solo pensamientos de salud.

Nunca pienses en ti como enfermo o como posible de estar enfermo. Nunca pienses en la enfermedad en conexión contigo en absoluto. Y, en todo lo que esté a tu alcance, cierra tu mente a todos los pensamientos de enfermedad en conexión con los otros. Rodéate lo más posible con las cosas que sugieran ideas de fuerza y salud.

Ten fe en la salud y acepta la salud como un hecho actual presente en tu vida. Afirma que la salud es como una bendición que se te ha concedido, y siéntete profundamente agradecido en todo momento.

Utiliza tu poder de voluntad para rechazar tu atención de cualquier apariencia de enfermedad en ti y en otros. No estudies sobre enfermedades, no pienses sobre ellas ni hables de ellas. En todo momento, cuando el pensamiento de enfermedad caiga sobre ti, muévete hacia delante en una actitud de gratitud y oración por tu salud perfecta.

Las acciones mentales necesarias para estar bien pueden ahora ser resumidas en una sola oración: forma una concepción de ti mismo en una salud perfecta y piensa solamente aquellos pensamientos que están en armonía con esa concepción. Esto, hecho con fe, gratitud y el propósito para vivir realmente, cubre todos los requerimientos. No es necesario hacer "trucos" agotadores en la forma de afirmaciones, etc. No es necesario concentrar la mente en las partes afectadas. Es mucho mejor no pensar en ninguna parte como afectada.

No es necesario que te "trates" por auto sugestión o tener a otros tratándote en ninguna otra forma. El poder que cura es el principio de la salud que hay dentro de ti. Para llamar a este principio a la acción constructiva es solamente necesario (habiéndose ya armonizado con la mente suprema) reclamar con fe la salud, y sostener esa demanda hasta que sea manifestada físicamente en todas las funciones de tu cuerpo.

Para poder mantener esta actitud mental de fe, gratitud y salud, tus actos externos deben ser solamente aquellos que resulten saludables. No puedes sostener mucho la actitud interna de una persona sana si continúas desarrollando los actos externos como una persona enferma. Es esencial no solo que cada uno de tus pensamientos sea un pensamiento de salud, sino también que cada uno de tus actos sea un acto de salud, desarrollado en una manera sana. Si haces de cada pensamiento un pensamiento de salud y cada acto consciente un acto de salud, debe resultar infaliblemente en que cada función interna e inconsciente llegue a ser sana, ya que todo el poder de la vida está siendo continuamente empleado hacia la salud. Debemos considerar ahora cómo hacemos de cada acto un acto de salud.

CUÁNDO COMER

No se puede vivir y construir un cuerpo perfectamente sano por acción mental solamente o por la realización de funciones inconscientes o involuntarias. Hay ciertas acciones, más o menos voluntarias, que tienen una relación directa e inmediata con la continuidad de la vida misma: comer, beber, respirar y dormir.

Sin importar cuáles sean los pensamientos o actitudes mentales del hombre, no puede vivir a menos que coma, beba, respire y duerma. Además, no puede estar bien si come, bebe, respira y duerme de una manera antinatural y equivocada. Es, por lo tanto, vitalmente importante que aprendas la manera correcta de realizar estas funciones voluntarias, y yo procederé a mostrarte cuál es esta manera, comenzando con el tema de comer, que es muy importante.

Ha habido una vasta cantidad de controversias en cuanto a cuándo comer, qué comer, cómo comer y cuánto comer. Toda esta controversia es innecesaria, ya que el modo correcto es muy fácil de encontrar. *Tú solo tienes que considerar la ley que gobierna todo logro, ya sea salud, riqueza, poder o felicidad. Esa ley es que debes hacer lo que puedes hacer ahora, donde estás ahora, realizar cada acto separado de la mejor manera posible y colocar el poder de la fe en cada acción.*

Los procesos de digestión y asimilación están bajo supervisión y control de una división interna de la mentalidad del hombre, la cual es generalmente llamada la mente subconsciente. Utilizaré ese término aquí para poder ser entendido. La mente subconsciente está a cargo de todas las funciones y procesos de la vida. Cuando el cuerpo necesita más comida, hace que se conozca el hecho causando una sensación denominada hambre.

Cada vez que se necesita comida (y puede ser utilizada) aparece el hambre. Cada vez que se tiene hambre, es tiempo de comer. Cuando no hay hambre es antinatural y erróneo comer, no importa qué tan grande pueda parecer la necesidad de comida.

Incluso si estás en una condición de aparente inanición, si no tienes hambre, debes saber que la comida no puede ser utilizada, y será antinatural y erróneo que la comas. Aunque puedes no haber comido por días, semanas o meses, si no tienes hambre, puedes estar perfectamente seguro de que la comida no puede ser utilizada y, probablemente, no será utilizada si la ingieres. Cada vez que se necesita comida, si hay poder para digerirla y asimilarla (para entonces poder ser utilizada normalmente) la mente subconsciente anunciará el hecho por medio de un hambre decidida.

La comida, tomada cuando no hay hambre, será digerida y asimilada algunas veces, porque la naturaleza hace un esfuerzo especial para realizar el deber que la ha empujado en contra de su voluntad. Pero si la comida es tomada habitualmente cuando no hay hambre, el poder digestivo será finalmente destruido y será la causa de un sinnúmero de hechos perjudiciales.

Si lo precedente es cierto, es una proposición auto evidente que el momento natural y saludable para comer es cuando uno tiene hambre y que no es nunca una acción natural o sana comer cuando uno no tiene hambre. Verás, entonces, que es un tema fácil de resolver científicamente la cuestión de cuándo comer. Siempre come cuando tengas hambre y nunca comas cuando no tengas hambre. Esto es obedecer a la naturaleza, que es obedecer a lo supremo.

No debemos olvidar, sin embargo, hacer una clara distinción entre hambre y apetito.

El hambre es el llamado de la mente subconsciente para que más material sea utilizado en reparar, renovar al cuerpo, y en mantener el calor interno. El hambre nunca se siente a menos que haya necesidad de más material y a menos que haya poder para digerirlo cuando sea llevado dentro del estómago.

El apetito es el deseo por la gratificación de la sensación. El borracho tiene apetito por el licor, pero no puede tener hambre por él. Una persona normalmente alimentada no puede tener hambre de dulces o caramelos. El deseo para estas cosas es un apetito. No puede tener hambre para tomar un té, café, comidas sazonadas o para los variados artificios tentadores del gusto del cocinero experimentado. Si deseas estas cosas, es con apetito, no con hambre.

El hambre es el llamado de la naturaleza para que le den más material que necesita ser utilizado en construir nuevas células. La naturaleza nunca llama para algo que no pueda ser utilizado legítimamente para ese propósito.

El apetito es, comúnmente, una cuestión de hábito. Si uno come o bebe a una cierta hora y especialmente si uno toma comidas endulzadas, sazonadas y estimulantes, el deseo viene regularmente, a la misma hora, pero este deseo habitual de comida nunca debe ser confundido con el hambre.

El hambre no aparece en momentos específicos. Solo viene cuando el trabajo o el ejercicio han destruido tejido suficiente como para hacer que la ingesta de nuevo material crudo sea una necesidad.

Por ejemplo, si una persona ha sido alimentada suficientemente en el día anterior, es imposible que pueda sentir hambre genuina al levantarse de un sueño refrescante. En el sueño, el cuerpo es recargado con poder vital, y la asimilación de comida que ha sido tomada durante el día se completa. El sistema no tiene necesidad de comida inmediatamente después de dormir, a menos que la persona haya ido a descansar en un estado de inanición. Con un sistema de alimentación que sea incluso un acercamiento razonable a uno natural, nadie puede tener hambre real para un desayuno temprano en la mañana. No es posible que haya un hambre normal o genuina inmediatamente después de levantarse de un sueño saludable.

El desayuno en la mañana temprano siempre es tomado para gratificar al apetito, nunca para satisfacer al hambre. No importa quién sea o cuál sea su condición, no importa qué tan duro trabaje o cuánto esté expuesto, a menos que vayas a tu cama con mucha hambre, no puedes levantarte de tu cama hambriento.

El hambre no es causada por el sueño, sino por el trabajo. El hambre nunca viene hasta que es ganada.

Soy consciente de que surgirá una protesta en contra de esto del gran número de personas que " disfrutan" su desayuno y para los que su desayuno es su "mejor comida". Ellos disfrutan su desayuno como quien le gusta beber disfruta su trago matutino, porque gratifica un apetito habitual y no porque abastezca una necesidad natural. Es su mejor comida por la misma razón que su trago matutino es la mejor bebida del bebedor. Y ellos pueden pasar sin ello, porque millones de personas, de todos los oficios y profesiones, pueden pasar sin ello, y están ampliamente mejor por hacerlo.

Si vas a vivir de acuerdo con *La ciencia de esta bien*, nunca debes comer hasta que tengas un hambre que te hayas ganado.

Pero, si no como cuando me levanto en la mañana, ¿cuándo debo tomar mi primera comida?

Las doce del mediodía puede ser una buena hora. Si estás haciendo trabajo pesado, obtendrás para el mediodía un hambre suficiente para justificar una comida de buen tamaño. Si tu trabajo es liviano, probablemente solo tengas hambre suficiente para una comida moderada. La mejor regla general o ley que puede ser asentada es que debes comer tu primera comida del día al mediodía si tiene hambre. Si no tienes hambre, espera hasta tenerla.

¿Y cuándo debo comer mi segunda comida?

No debes hacerlo ni en lo más mínimo a menos que tengas hambre para ella. Esto con un hambre genuinamente ganada. Si tienes hambre para una segunda comida, come en el momento más conveniente, pero no comas hasta que realmente te hayas ganado el hambre.

El lector que desee informarse completamente en cuanto a la razón para esta forma de acomodar los momentos de comida encontrará los mejores libros sobre esto citados en este trabajo. De lo precedente, de todos modos, puedes ver fácilmente que *La ciencia de estar bien* responde fácilmente la pregunta: ¿cuándo y con qué frecuencia debo comer? La respuesta es: come cuando te hayas ganado el hambre y nunca comas en ningún otro momento.

QUÉ COMER

¿Qué debo comer? La contienda entre los vegetarianos y los que comen carne, los defensores de la comida cocinada, los defensores de la comida cruda y varias otras "escuelas" de teóricos parecen ser interminables. De las montañas de evidencias y argumentos apilados a favor y en contra de cada teoría en especial, está claro que, si dependemos de estos científicos, nunca sabremos cuál es el alimento natural para el hombre. Alejándonos de toda la controversia, entonces, haremos la pregunta a la naturaleza misma, y encontraremos que ella no nos ha dejado sin respuesta.

Si la pregunta es qué comer, la respuesta es simple: comer lo que la naturaleza proporciona. El sustento vivo de donde se hacen todas las cosas ha generado una abundancia de alimentos perfectos para cada persona en cada lugar donde puedan vivir los seres humanos, y ha dado a cada persona las facultades físicas y mentales para saber qué alimentos debe comer y cómo y cuándo debería comerlos.

Cada vez que las personas intentan "mejorar" la naturaleza, se equivocan. Porque la humanidad aún no sabe lo suficiente como para no salir mal. La naturaleza es la forma física de la sustancia viva que opera con la energía de esta. La naturaleza proporciona a cada persona exactamente lo que se necesita para una salud perfecta.

La gran inteligencia, que está en todo y a través de todo, en realidad ha asentado prácticamente la cuestión concerniente a qué debemos comer. Al ordenar los asuntos de la naturaleza, ella ha decidido que el alimento del hombre debe ser acorde a la zona en la que vive. Estos son los mejores alimentos para los requerimientos del clima. Estos son los alimentos que serán más frescos cuando la persona los come y, por lo tanto, están más llenos de la fuerza vital. Al adquirir estos alimentos, una persona puede asociarse más estrechamente con el principio de vida que los creó. Por lo tanto, una persona solo necesita preguntarse qué alimento crece y qué vive donde él habita.

¿Cómo sabrá una persona cuál de estos alimentos comer según su edad, sexo, ascendencia, estado de salud, exposición al frío, actividad física y mental?

Una vez más, vemos que la gran inteligencia que opera en la naturaleza responde a la pregunta. Esta proporciona una variedad de alimentos en cada zona.

Una persona necesita alimentos como materia prima del principio de la salud en su propio cuerpo proporcionando energía, calor, defensa, reparación y crecimiento de tejidos. El hombre necesita proteínas, carbohidratos, grasas, vitaminas y minerales. Estos se encuentran en la carne, la leche, la sangre, los huevos, los huesos y los órganos de agua y las criaturas terrestres, y en las raíces, los tallos, las hojas, las flores, las semillas, los granos, las nueces y los frutos de las plantas terrestres y acuáticas. La gran inteligencia guía a las masas de personas a descubrir formas de procurar y preparar estos alimentos en armonía con la naturaleza. El principio de salud de una persona guía su hambre y gusto a los alimentos particulares que satisfarán sus necesidades.

Con todas las formas en que se prepara la comida, ¿cómo una persona debe conocer la manera correcta?

La persona debe procurar y preparar su comida en formas que cooperen con la naturaleza. Es solo cuando la gente trabaja contra la naturaleza que las cosas salen mal. Para ilustrar este punto, debemos comparar la salud de las personas que trabajan en cooperación con la naturaleza con la salud de estas mismas personas que trabajan contra la naturaleza.

En todos los climas, hay tribus que han aprendido durante miles de años la sabiduría de la naturaleza y las mejores maneras de reunir, preparar y comer los alimentos de la región en perfecta armonía con las estaciones y los ciclos naturales.

La salud perfecta de estas personas proporciona un ejemplo brillante de lo que es posible en la fuerza física y la resistencia, la vista y los dientes perfectos, la longevidad, la habilidad y la agilidad, el desarrollo mental, la moralidad y el bienestar general. Por otra parte, ellos han aprendido los secretos de la reproducción saludable y la crianza de los hijos, de modo que no solo hay niños felices y sanos, sino también la ausencia de un comportamiento antisocial.

¿Qué secretos de alimentación son seguidos por estas personas perfectamente sanas?

- Ellos comen solo alimentos que se dan en la naturaleza o que pueden ser simplemente hechos de estos.
- Comen solo los mejores alimentos y partes de alimentos con el mayor contenido de nutrientes.
- Estas personas comen alimentos tanto animales como vegetales.
- Muchos alimentos de origen vegetal y animal se comen crudos.
- De los animales salvajes, los huesos y los órganos son tan importantes como (y a menudo se prefieren) la carne de músculo.
- De animales domesticados, se extrae leche fresca (y en algunos casos, incluso sangre). Cuando se usan productos lácteos, se hacen con leche extraída de animales vitales y saludables después de haber sido bien alimentados con pastos de primavera de reciente crecimiento.

- El queso, la mantequilla y otros productos lácteos que pueden almacenarse para su uso posterior están hechos de esta leche. Durante otras temporadas, los animales son alimentados con heno de la más alta calidad.

- Para algunos grupos, los insectos en juntas, adultas e inmaduras formas son fuentes importantes de alimentos, incluso cuando hay otros alimentos para animales disponibles.

- En las zonas cercanas al mar, las criaturas marinas son fuente de alimento animal. Los huevos de pescado son una rica fuente de nutrientes. Cuando no están disponibles durante todo el año, tanto la carne como los huevos del pescado se secan durante el invierno para preservar o aumentar el contenido de nutrientes.

- Los alimentos vegetales se consumen abundantemente durante la temporada en que crecen y están maduros. Cuando no crecen durante todo el año, algunos se conservan durante el invierno para preservar sus nutrientes.

- Los alimentos dulces de todo tipo se consumen con moderación en ocasiones especiales.

El azúcar refinada se evita por completo, al igual que todos los alimentos elaborados mediante la adición de azúcar refinada.

- Las tierras utilizadas para el cultivo de plantas se fertilizan generosamente con sustancias naturales y se permiten períodos de descanso.

- Los granos se comen enteros o molidos inmediatamente antes de usarlos. Se utiliza todo el grano.

- Las mujeres reciben dietas con un alto contenido de nutrientes durante varios meses antes del embarazo, y durante el embarazo y la lactancia. El parto está espaciado con cuidado, con años de separación, para que la madre pueda amamantar a su hijo y luego reponer su cuerpo en preparación para el próximo embarazo si lo desea.
- Los niños son amamantados y luego se les dan alimentos ricos en nutrientes para ayudarlos a crecer.
- Hay momentos de disminución natural en el suministro de alimentos, y tiempos ceremoniales, cuando las personas comen menos o no comen nada.
- Las personas participan activamente en la búsqueda física de cultivar, recolectar, cazar y preparar sus alimentos. Tienen ceremonias comunitarias de gratitud y celebración.

Estas son las prácticas de las personas más sanas en la tierra.

¿Qué sucede cuando estas mismas personas abandonan su forma de vivir y comer y reemplazan sus alimentos con alimentos no naturales? Desarrollan enfermedad, deformidad, desdicha y comportamiento antisocial.

¿Cuáles son los alimentos no naturales que causan estos efectos? Son alimentos refinados y conservados de los cuales se ha eliminado o perdido la vida natural o se han agregado azúcar y sabores para ocultar la ausencia de nutrientes. Son alimentos tan viejos que no hay fuerza vital en ellos. Son alimentos de plantas y animales poco saludables que contienen una fuerza vital que da la impresión de debilidad o enfermedad.

Lo que se necesita para una perfecta salud es un alimento vital, lleno de fuerza vital, consumido de acuerdo con las prácticas de las personas sanas.

¿Cómo puede el habitante de la ciudad moderna adquirir este alimento vital e incorporar estas prácticas en su vida? Lo primero es recordar que él debe comer la comida que proporciona la naturaleza en la zona en que vive.

La persona debe alinearse con el principio de la vida con la gratitud de que hay alimentos abundantes para todos y con la fe de que se le guiará perfectamente a las mejores fuentes disponibles en su área. La salud perfecta requiere una relación con la fuente de todos los alimentos con fe, gratitud y alegría. La comida debe ser reunida con la actitud de más vida para todos y menos para ninguno.

Una persona debe aprender a crecer y reunirse, criar animales, cazar y pescar, o encontrar a quienes lo hacen. Si no obtiene su propio alimento directamente de la naturaleza, debe formar una relación amistosa con los que lo hacen. A continuación, una persona puede elegir a sabiendas tratar con aquellos que operan en armonía con la naturaleza, ejercitando gratitud y sabiduría.

La persona que no sabe cómo identificar a un granjero o cazador siguiendo las leyes naturales de producir y encontrar alimentos puede guiarse por estos conceptos simples:

Escogiendo sus proveedores de alimentos

- El proveedor de alimentos es saludable, feliz y de espíritu generoso.
- No utiliza venenos de ningún tipo en la producción de alimentos.

- Si él cría animales, están sanos y son tratados con amabilidad, respeto y gratitud.

- Son alimentados solo con los mejores alimentos para su salud, no para el crecimiento anormal o la producción de alimentos. No están confinados en condiciones insalubres, sino que se les da libertad para moverse con normalidad y solo están abrigados para su protección.

- Si pesca o caza, atrapa o mata criaturas de lagos, ríos, tierras o mares en su entorno natural. Utiliza medios que aseguran la supervivencia saludable de todas las especies capturadas, sean o no las que se coman.

- Si cultiva, solo usa tierra viva y sana no contaminada por venenos anteriores. Repone la vida del suelo para que sus cultivos sean ricos en nutrientes naturales. Sus cultivos y tierra son tan saludables que no atraen plagas, y cultiva de tal manera que las aves y otras criaturas que se comen a los insectos en su granja quedan ilesas. Cualquier agua que salga de su tierra no contiene sustancias químicas que dañen cualquier otra parte de la vida.

Estas son las características de una persona que conoce las leyes de la naturaleza en la producción y adquisición de alimentos.

También debes saber cómo determinar a las personas correctas con quienes asociarte en cualquier otro paso para obtener tu alimento.

No te asocies con nadie en el proceso de procurar alimentos que hablen de enfermedades, miedo o carencia de alguna manera. Asóciate solo con aquellos que aprecian con gratitud y alegría las cualidades que dan vida a los alimentos, están felices de cultivarlos, cosecharlos, prepararlos, servirlos, comerlos y saber que hay una abundancia de los mejores alimentos para todos. Esto es importante, ya sea que estés tratando con alguien que te está vendiendo un terreno para la granja o un granjero, carnicero, conductor de camión, empleado de la tienda, cocinero o camarero en un restaurante.

No debes comer alimentos producidos o transportados de manera descuidada o tratados de otra forma que no sean sustancias preciosas que dan vida. Esto se logra fácilmente cuando eres el que obtiene el alimento de su fuente natural o si estás en una relación directa y armoniosa con todos los que lo están.

El habitante de la ciudad que piensa que es demasiado difícil o demasiado costoso obtener alimentos de esta manera solo tiene que revisar *La ciencia de hacerse rico*. Todas sus dudas serán contestadas. Se le guiará en la forma correcta de adquirir todo el dinero que desee y en atraer todos los demás recursos que desee.

Una vez que una persona recibe una variedad de alimentos vitales para elegir, ¿cómo sabrá qué comer en una comida determinada? Aquí está la guía necesaria: come lo que tu cuerpo quiera. Tu cuerpo quiere lo que el principio de salud requiere para crear una perfecta salud.

Lo que tu cuerpo quiere está determinado muy simplemente. El pensamiento de la comida, cuando estás realmente hambriento, es atractivo.

El sabor de la comida mientras se mastica es agradable. Después de comer, tu cuerpo se siente lleno de energía y satisfecho. No hay somnolencia, irritabilidad, congestión, dolor, o incomodidad de ningún tipo, desde el momento en que comienzas a comer hasta el día siguiente. Durante un período de días, semanas y meses, continúas sintiéndose bien.

Así es como sabrás que estás comiendo los alimentos correctos. Entonces, no tendrás que pensar lo que deberías o no deberías comer. Querrás los alimentos adecuados. El principio de la salud en tu propio cuerpo te guiará para saber qué comer con la misma seguridad que te guiará para saber cuándo comer.

Si no comes hasta que tengas un hambre ganada, no encontrarás que su sabor exija alimentos poco naturales o poco saludables. Si haces una asociación con la cantidad de comida que te trae alegría y gratitud, aumentarás aún más tu deseo de comer lo que es natural y saludable.

Cuando una persona se vuelve perezosa y se deja tentar por el gusto y la conveniencia, en lugar de seguir a la gran inteligencia con la que se le otorga, él paga el precio de la disminución de la salud.

Cuando aprendas a cooperar con la naturaleza, querrás lo que es bueno para ti y comerás lo que quieras. Esto se puede hacer con resultados perfectos si comes de la manera correcta, y cómo hacerlo se explicará en el siguiente capítulo.

CÓMO COMER

Es un hecho que el hombre naturalmente mastica su comida. Los pocos caprichosos que sostienen que debemos engullir nuestro alimento como lo hacen los perros y otros de los animales inferiores no pueden ser ya escuchados. Sabemos que debemos masticar nuestra comida. Y si es natural que mastiquemos nuestra comida, cuanto más la mastiquemos más completamente natural deberá ser el proceso. Si masticaras cada bocado hasta convertirlo en líquido, no necesitarías estar preocupado en lo más mínimo por lo que debes comer, ya que podrías obtener suficientes nutrientes al haber elegido los mejores alimentos según la ley natural. Que masticar sea una tarea ingrata y laboriosa o no, o un proceso agradable, depende de la actitud mental en la que llegas a la mesa.

Si tu mente y actitud están en otras cosas, o si está ansioso o preocupado por los negocios o asuntos domésticos, encontrarás difícil comer sin "engullir" más o menos tu comida. Debes aprender a vivir con tanta ciencia que no tengas inquietudes de negocios o domésticas como para preocuparte. Esto puedes hacerlo.

También debes organizar tu vida de modo que no estés en presencia de otras personas que se distraigan del disfrute de su comida. De esta manera, puedes aprender a prestar toda tu atención al acto de comer mientras estás en la mesa.

La cuestión de comer solo cuando estás en un estado de ánimo pacífico debe ser enfatizada. Debes concentrarse en la gratitud antes de consumir el alimento en tu mesa y en el disfrute pleno de cada bocado mientras comes. Después de comer, debes volver a concentrarte en la gratitud por la fuerza vital de los alimentos suministrados a través de la sustancia viva. Estas acciones mentales ayudarán en la extracción física de la fuerza vital de tus alimentos y en llevar el principio de salud contigo a la actividad constructiva completa.

Cuando comas, házlo con el propósito fijo de conseguir todo el goce que puedas de esa comida. Descarta todo lo demás de tu mente y no dejes que nada quite tu atención del alimento y su sabor hasta que tu comida se haya terminado. Siéntete confiado, porque, si sigues estas instrucciones, podrás saber que la comida que comes es exactamente la comida correcta y que "coincidirá" contigo a la perfección.

Siéntate a la mesa con alegría y toma una porción moderada de alimento. Toma lo que luzca más deseable para ti. No selecciones una comida porque pienses que será buena para ti, selecciona aquella que tendrá buen sabor. Si vas a ponerte bien y estar bien, debes abandonar la idea de hacer cosas porque son buenas para tu salud, y hacer cosas porque las quieres hacer. Selecciona la comida que quieres más. Agradéce porque has aprendido cómo comer en tal forma que la digestión sea perfecta y toma un moderado mordisco de ella.

No fijes tu atención en el acto de masticar; fíjalo en el sabor de la comida. Saboréala y disfrútala hasta que sea reducida a un estado líquido y pase a través de tu garganta por medio de un deglutir involuntario. No importa cuánto tiempo tomes, no pienses en el tiempo. Piensa en el sabor. No permitas que tus ojos vaguen sobre la mesa, especulando que comerás a continuación. No te preocupes por el temor de que no haya suficiente y de que no conseguirás tu parte. No te anticipes al sabor de la próxima cosa. Mantén tu mente centrada en el sabor de lo que tienes en la boca.

Y eso es todo. El hecho de comer científica y saludablemente es un proceso que deleita, después de que se ha aprendido cómo hacerlo y se ha sobrepasado el mal hábito de engullir sin masticar. Es mejor no tener mucha conversación mientras se come.

Habla después.

En la mayoría de los casos, algunos utilizan la voluntad requerida para formar el hábito correcto de comer. El hábito de engullir es uno antinatural y es, sin duda, en su mayor parte, resultado del temor. Temor de que nos roben nuestra comida, temor de que no obtengamos nuestra porción de las cosas buenas, temor de que perdamos tiempo precioso; estas son las causas de la prisa. Después, también está el anticipo de las delicadezas que vendrán de postre, y el consecuente deseo de obtenerlas lo más rápido posible. También está la abstracción mental o pensar en otros temas mientras comes. Todas estas son las cosas que debes superar.

Cuando encuentras que tu mente está vagando, llámala a un alto. Piensa por un momento en la comida y lo bien que sabe, en la digestión y asimilación perfecta que van a seguir a la comida, y comienza nuevamente. Comienza nuevamente y comienza nuevamente, aunque debas hacerlo veinte veces en el curso de una sola comida; y otra vez y otra vez, aunque debas hacerlo en cada comida por semanas y meses. Es perfectamente seguro que puedes formar el "hábito Fletcher" si perseveras. Cuando lo hayas formado, experimentarás un placer saludable que nunca habías conocido.

Este es un punto vital y no debes abandonarlo hasta que no lo hayas impreso a fondo en tu mente. Dados los materiales correctos, perfectamente preparados, el principio de la salud te construirá un cuerpo perfectamente sano.

Sigue adelante y conquista. En unas pocas semanas o meses, como sea el caso, encontrarás que ya tienes fijado el hábito de comer científicamente. Pronto estarás en una condición tan espléndida, mental y físicamente, que nada te inducirá a volver a la vieja mala manera.

Hemos visto que, si el hombre tuviera solamente pensamientos de perfecta salud, sus funciones internas serían realizadas de una manera sana. También hemos visto que, para poder tener pensamientos de salud, el hombre debe realizar las funciones voluntarias en un modo sano. La más importante de las funciones voluntarias es la de comer y no vemos, hasta ahora, ninguna dificultad especial en comer de un modo perfectamente sano.

Aquí resumiré las instrucciones en cuanto a cuándo comer, qué comer y cómo comer, con las razones para ello:

Nunca comas hasta que no te hayas ganado el hambre, no importa cuánto hayas estado sin comida. Esto está basado en el hecho de que, en cualquier momento que se necesite comida en el sistema, si hay poder para digerirla, la mente subconsciente anuncia la necesidad por medio de la sensación de hambre.

Aprende a distinguir entre hambre genuina y la sensación corrosiva y ansiosa causada por el apetito antinatural. El hambre nunca es un sentimiento desagradable, acompañada por debilidad o sentido de corrosión en el estómago, es un deseo por comida agradable, anticipatorio, y se siente en su mayor parte en la boca y garganta. No viene a ciertas horas o en intervalos especificas, solo viene cuando la mente subconsciente está lista para recibir, digerir y asimilar comida.

Come los alimentos que quieras, haciendo tu selección de los básicos que son de uso general en la zona en la cual vives. La inteligencia suprema ha guiado al hombre en la selección de estas comidas, y son las correctas para todos. Me refiero, por supuesto, a las comidas que son tomadas para satisfacer el hambre, no a aquellas que han sido meramente concebidas para gratificar el apetito o gusto. El instinto que ha guiado a las masas a hacer uso de las grandes comidas básicas para satisfacer su hambre es un instinto divino. No se ha cometido ningún error. Si comes esas comidas, no te equivocarás.

Come tu comida con una alegre confianza, en una atmosfera agradable, y obtén todo el placer que se pueda tener del sabor de cada bocado. Mastica cada trozo hasta convertirlo en líquido, manteniendo fija tu atención en el deleite del proceso. Esta es la única manera de comer de un modo perfectamente completo y exitoso; y cuando cualquier cosa es hecha de un modo completo y exitoso, el resultado general no puede ser el fracaso.

En el logro de la salud, la ley es la misma a la del logro de las riquezas: si haces de cada acto un éxito en sí mismo, la suma de todos tus actos debe ser un éxito.

Cuando comes con la actitud mental que he descrito, nada puede ser agregado al proceso: estás plasmado de una manera perfecta y estás realizado exitosamente el proceso. Si el comer se hace exitosamente, la digestión, asimilación y la construcción de un cuerpo sano comienzan exitosamente.

A continuación, tomamos la cuestión de la cantidad de alimento requerido.

HAMBRE Y APETITOS

Es muy fácil encontrar la respuesta correcta a la pregunta, ¿cuánto debo comer? Nunca debes comer hasta haberte "ganado el hambre" y debes parar de comer en el instante que comienzas a sentir que tu hambre se está calmado. Nunca comas demasiado. Nunca comas hasta la repleción. Cuando comiences a sentir que tu hambre se satisface, sabrás que has tenido suficiente, porque antes de que tengas suficiente, seguirás sintiendo la sensación de hambre.

Si comes como se explicó en el capítulo anterior, es probable que comiences a sentirse satisfecho antes de que hayas ingerido la mitad de tu cantidad habitual. Deténte ahí. No importa qué tan atractivamente delicioso sea el poste o cuán tentadora sea la tarta o el budín, no comas un bocado de ello si encuentras que tu hambre ha sido saciada hasta el último grado por otros alimentos que has comido.

Cualquier cosa que comas después de que tu hambre comienza a disminuir, será ingerida para gratificar al gusto y al apetito, no al hambre, y no será un llamado de la naturaleza en absoluto. Es, por lo tanto, un exceso, mero desenfreno, y no puede fracasar en ser malicioso.

Este es un punto que necesitarás ver con gentil discriminación, ya que el hábito de comer puramente por la gratificación sensual está arraigado muy profundamente en la mayoría de nosotros. El habitual "postre" de comidas dulces y tentadoras está preparado únicamente con la óptica de inducir a las personas a comer después de que el hambre ha sido satisfecha, y todos los efectos son malignos. No es que las tartas y tortas sean comidas incompletas, generalmente son perfectamente completas si son comidas para satisfacer el hambre y no para gratificar al apetito.

Lo mismo ocurre con el alcohol tomado antes de comer. Ambos te engañarán para que comas mucho más de lo que quieres, y te dificultarán enfocar tu atención en la satisfacción de tu verdadera hambre. Encontrarás que, si comes según lo indicado en los capítulos anteriores, la comida más sencilla pronto llegará a tener un sabor de rey, para ti, ya que tu sentido del gusto, como todos tus otros sentidos, se volverá tan agudo con la mejora general en tu condición, que encontrarás nuevos elementos en cosas comunes.

Ningún glotón disfrutó alguna vez tanto una comida como el hombre que come únicamente por el hambre, que consigue el mejor de cada bocado y que se detiene en el instante en que siente que ha llegado al margen de su hambre. La primera indicación de que el hambre está disminuyendo es la señal de la mente subconsciente diciendo que es tiempo de abandonar.

La persona promedio que tome este plan de vida estará enormemente sorprendida de aprender qué poca cantidad de comida es requerida para mantener al cuerpo en perfecta condición.

La cantidad depende del trabajo, de cuánto ejercicio muscular es realizado y del grado en que la persona está expuesta al frío.

El leñador que va dentro del bosque en invierno y balancea su hacha todo el día puede comer dos comidas completas, pero el cerebro del trabajador que se sienta todo el día en una silla, en una habitación caliente, no necesita ni un tercio y comúnmente ni siquiera una décima parte de lo mismo. La mayoría de los leñadores comen dos o tres veces esto, y la mayoría de los trabajadores mentales de tres a diez veces más de lo que dicta la naturaleza. La eliminación de esta inmensa cantidad de basura excedente de tus sistemas es un impuesto sobre el poder vital que, en poco tiempo, agota tus energías y te deja como una presa fácil para las así llamadas enfermedades.

Obtén todo el deleite posible de la degustación de tu comida, pero nunca comas cualquier cosa meramente porque sabe bien. En el instante en el que sientas que tu hambre está menos ansiosa, para de comer.

Si consideras por un momento, verás que no hay, positivamente, ninguna otra manera para que puedas contestar esas variadas preguntas sobre la comida que no sea adoptando el plan aquí presentado para ti.

Repito que el éxito en cualquier cosa se logra por hacer de cada acto por separado un éxito en sí mismo. Si haces cada acción, sin tener en cuenta qué tan pequeña y sin importancia, una acción enteramente exitosa, tu día de trabajo, como un todo, no puede resultar en fracaso. Si haces exitosas las acciones de cada día, la suma total de tu vida no puede ser un fracaso.

Un gran éxito es el resultado de hacer un gran número de pequeñas cosas, haciendo cada una en un modo perfectamente exitoso. Si cada pensamiento es un pensamiento sano, y si cada acción de tu vida es realizada en un modo sano, pronto lograrás la salud perfecta. Es imposible divisar un modo en el cual puedas realizar el acto de comer más exitosamente, y en una manera más acorde a las leyes de la vida, que por masticar cada bocado hasta que sea un líquido, disfrutar el gusto completamente y mantener mientras una alegre confianza. Nada puede ser sumado para hacer al proceso más exitoso. Si algo es sustraído, el proceso no será completamente sano.

Leyendo cuidadosamente el resumen en el siguiente capítulo, verás que los requerimientos para comer de un modo perfectamente sano son realmente pocos y simples. El tema de beber de un modo natural puede ser descartado aquí con muy pocas palabras. Si deseas ser científicamente exacto y rígido, bebe nada más que agua, bebe solamente cuando tiene sed, beba cada vez que tenga sed y deténte en cuanto sientas que tu sed comienza a disminuir.

Si estás viviendo correctamente con relación a la comida, no será necesario practicar ascetismo o gran auto negación en el tema de beber. Puedes tomar, sin perjuicios, una taza ocasional de café. Puedes, a un grado razonable, seguir las costumbres de aquellos que están alrededor de ti. No adquieras el hábito de las bebidas burbujeantes. No tomes meramente para cosquillear tu paladar con líquidos dulces.

Asegúrate de beber agua cada vez que sientas sed. Nunca seas demasiado perezoso, demasiado indiferente o demasiado ocupado como para obtener un trago de agua cuando sientas la más mínima sed. Si obedeces esta regla, tendrás poca inclinación a tomar bebidas extrañas y antinaturales. Bebe solamente para satisfacer la sed. Bebe cada vez que sientas sed y deja de beber en cuanto sientas que la sed se calma. Este es un modo perfectamente sano para abastecer al cuerpo con el material fluido necesario para sus procesos internos.

EN SÍNTESIS

Hay una vida cósmica en todos los espacios del universo que está en y a través de todas las cosas. Esta vida no es meramente una vibración o forma de energía, es una sustancia viva. Todas las cosas están hechas de ella.

Esta sustancia piensa y asume la forma de aquello en lo que piensa. El pensamiento de una forma, en esta sustancia, crea la forma; el pensamiento de un movimiento instituye el movimiento. El universo visible, con todas sus formas y movimientos, existe porque está en el pensamiento de la sustancia original.

El hombre es una forma de la sustancia original y puede generar pensamientos originales. Dentro de sí mismo, los pensamientos del ser humano tienen un poder controlador y formativo. El pensamiento de una condición produce esa condición; el pensamiento de un movimiento instituye ese movimiento. Mientras que el hombre piense en las condiciones y movimientos de enfermedad, las condiciones y movimientos de enfermedad existirán dentro de él. Si el hombre solo piensa en la salud perfecta, el principio de la salud dentro de él mantendrá condiciones normales.

Para estar bien, el ser humano debe formar una concepción de salud perfecta y sostener pensamientos armoniosos con esa concepción en cuanto a sí mismo y a todas las cosas. Él debe pensar únicamente en condiciones y funcionamientos sanos. No debe permitir que un pensamiento de condiciones o funcionamientos insanos o anormales encuentre alojamiento en su mente en ningún momento.

Para poder pensar solamente en condiciones y funcionamientos saludables, el ser humano debe realizar sus actos voluntarios de la vida en un modo perfectamente sano. Él no puede pensar en salud perfecta mientras sepa que está viviendo de una manera errónea o insana, o incluso mientras tenga dudas en cuanto a si está viviendo o no de un modo sano.

El hombre no puede pensar pensamientos de perfecta salud mientras sus funciones voluntarias sean realizadas de la misma manera de uno que está enfermo. Las funciones voluntarias de la vida son comer, beber, respirar y dormir. Cuando la persona piensa solo en condiciones y funcionamientos saludables y realiza estas exteriorizaciones de una manera perfectamente sana, debe tener salud perfecta.

Al comer, la persona debe aprender a ser guiado por su hambre. Ella debe distinguir entre hambre y apetito, y entre hambre y los anhelos del hábito. Nunca debe comer a menos que sienta un hambre que se haya ganado.

Debe aprender que el hambre genuina nunca está presente después del sueño natural y que la demanda para una comida temprano en la mañana es puramente un tema de hábito y apetito. La persona debe esperar hasta que tenga un hambre que se haya ganado y que, en la mayoría de los casos, hará que su primera comida sea alrededor del mediodía.

No importa cuál sea su condición, vocación o circunstancias, la persona debe hacer que sea su regla no comer hasta que tenga un hambre que se haya ganado. Puede recordar que es mucho mejor ayunar por varias horas después de que esté hambriento en lugar de comer antes de comenzar a sentir hambre. No lastimará estar hambriento por unas pocas horas, incluso aunque esté trabajando duro, pero dañará llenar el estómago cuando no se tiene hambre, ya sea que se esté trabajando o no. Si la persona nunca come hasta que tenga un hambre que se haya ganado, puede estar segura de que, en cuanto concierne al momento de comer, está procediendo en un modo perfectamente saludable. Esta es una proposición auto evidente.

En cuanto a lo que debe comer, el hombre debe estar guiado por esa inteligencia que ha organizado que las personas de cualquier parte de la superficie de la tierra deben vivir con los productos básicos de la zona en la cual habitan. No se debe prestar la más mínima atención a las controversias en cuanto a los méritos relativos de los alimentos cocidos o crudos, de vegetales y carnes, o en cuanto a la necesidad de carbohidratos y proteínas.

No se deben buscar lujos o cosas importadas o arregladas para tentar al gusto. La persona debe mantenerse con los sólidos sencillos y cuando aquellos no "sepan bien", se debe ayunar hasta que lo hagan. No se debe buscar comidas "ligeras", fácilmente digestibles, o alimentos "sanos". Se debe comer lo que los granjeros y trabajadores comen. Entonces la persona estará funcionando de una manera perfectamente saludable en cuanto a lo que concierne a qué comer.

El hombre debe ser guiado por la razón al decidir cuánto debe comer. Podemos ver que los estados anormales de prisas y preocupación producidos por el pensamiento malsano sobre negocios y cosas similares nos han llevado a formar el hábito de comer demasiado rápido y masticar poco. La razón nos dice que el alimento debe ser masticado y que, cuanto más a fondo sea masticada la comida, mejor estará preparada para la química de la digestión Más aún, podemos ver que el hombre que come despacio y mastica su comida hasta convertirla en líquido, manteniendo su mente en el proceso y dándole su indivisible atención, disfrutará más del placer del gusto que aquel que engulle su comida con su mente en otra cosa.

Para comer de una manera completamente saludable, el hombre debe concentrar su atención en el acto, con deleite alegre y confianza; debe saborear su comida y debe reducir cada bocado a líquido antes de tragarlo. Las instrucciones anteriores, si son seguidas, hacen a la función de comer completamente perfecta. Nada puede ser sumado en cuanto a qué, cuándo y cómo.

En el tema de cuánto comer, el hombre debe ser guiado por la misma inteligencia interior o el principio de la salud, que le dice cuándo se requiere comida. Debe parar de comer en el momento en el que siente que el hambre está disminuyendo. No debe comer más allá de este punto para gratificar al gusto. Si deja de comer en el instante en que su demanda interior por comida termina, nunca comerá en exceso y la función de abastecer al cuerpo con comida será realizada en una manera perfectamente saludable.

El tema de comer naturalmente es uno muy simple. No hay nada en todo lo anterior que no pueda ser fácilmente practicado por cualquiera. Este método, puesto en práctica, infaliblemente resultará en una digestión y asimilación perfecta. Toda la ansiedad y pensamientos cuidadosos concernientes al tema pueden ser inmediatamente eliminados de la mente. En cualquier momento que el hambre se haya ganado, se debe comer con agradecimiento, masticando cada bocado hasta convertirlo en líquido y deteniéndose cuando se sienta que se ha alcanzado el margen del hambre.

La importancia de la actitud mental es suficiente como para justificar unas palabras adicionales. Mientras se está comiendo, como en todos los otros momentos, es preciso pensar solamente en la condición saludable y el funcionamiento normal. Se debe disfrutar lo que se come. Si se desarrolla una conversación en la mesa, se debe hablar de las bondades del alimento y del placer que estás dando. Nunca se debe mencionar que no se gusta de esto o aquello. Nunca se debe discutir lo salubre o insalubre de los alimentos.

Si hay algo en la mesa que no es agradable, se debe pasar en silencio o con una palabra de elogio. No se debe criticar ni objetar nada. Se debe comer con alegría y unidad de corazón, alabando a lo supremo y agradeciéndole. La contraseña debe ser la perseverancia: cada vez que se caiga en la antigua manera de comer apresuradamente o de erróneos pensamientos y discursos, se debe regresar prontamente y comenzar de nuevo.

Es de la más vital importancia ser una persona auto controlada y auto dirigida. Para ello, es preciso dominarse a sí mismo en un tema tan simple y fundamental como la manera y método de alimentación. Si no es posible controlarse en esto, no lo será en nada que valga la pena.

Por otro lado, si se siguen las instrucciones anteriores, se podrá descansar seguro de que, en cuanto a lo concerniente al pensamiento correcto y a la alimentación correcta, se está viviendo en un modo perfectamente científico. Adicionalmente, se puede estar seguro también de que, si se práctica lo que está prescrito en los siguientes capítulos, rápidamente el cuerpo gozará de una condición de perfecta salud.

RESPIRAR

Respirar es una función vital y concierne directamente a la continuidad de la vida. Podemos vivir muchas horas sin dormir y muchos días sin comer o beber, pero solamente unos pocos minutos sin respirar.

El acto de respirar es involuntario, pero la manera de hacerlo y la provisión de las condiciones propicias para una realización saludable caen dentro del campo de la voluntad. El hombre continuará respirando involuntariamente, pero puede, voluntariamente, determinar qué respirará, qué tan profundamente y qué tan concienzudamente lo hará. El ser humano puede, por su propia voluntad, mantener el mecanismo físico en condiciones para la realización perfecta de la función.

Es esencial, si deseas respirar de un modo perfectamente sano, que la maquinaria física utilizada en el acto sea mantenida en buenas condiciones. Debes mantener tu columna moderadamente derecha y los músculos de tu pecho deben estar flexibles y libres para la acción. No puedes respirar en el modo correcto si tus hombros están inclinados hacia delante o tu pecho hueco y rígido. Sentado o parado en el trabajo, en una posición ligeramente encorvada, tiendes a mantener el pecho hundido, y también lo haces al levantar pesos pesados o livianos.

La tendencia de los trabajos de casi todos los tipos es tirar los hombros hacia delante, curvar la columna y achatar el pecho. Si el pecho está muy achatado, la respiración completa y profunda se hace imposible, y la salud perfecta está fuera de cuestión.

Varios ejercicios gimnásticos han sido ideados para contrarrestar el efecto de encorvarse mientras se está en el trabajo, como colgarse de las manos de una barra de balanceo o trapecio, o sentarse en una silla con los pies bajo un mueble pesado y doblarse hacia atrás hasta que la cabeza toque el piso, etc. Todos estos ejercicios son lo suficientemente buenos a su manera, pero muy pocas personas los seguirán por el tiempo conveniente y regularmente, lo suficiente como para lograr cualquier ganancia real en el físico. La aplicación de "ejercicios de salud" de cualquier tipo es ardua e innecesaria.

Hay un modo más natural, más simple y mucho mejor.

Este mejor modo es mantenerse erguido y respirar profundamente. Deja que la concepción mental de ti mismo sea que eres una persona perfectamente derecha, y cada vez que el tema venga a tu mente, asegúrate de que expandes tu pecho al instante, arroja hacia atrás tus hombros y enderézate. Cada vez que hagas esto, lentamente ingresa tu aliento hasta que sientas que tus pulmones están en su capacidad limite. Acumula aire adentro.

Cada vez que hagas esto, inhala lentamente hasta que llenes tus pulmones a su máxima capacidad. Mientras mantienes el aire por un instante en los pulmones, arroja los hombros aún más atrás y estira tu pecho. Al mismo tiempo, intenta tirar tu columna hacia delante entre los dos hombros. Después, deja ir el aire fácilmente.

Este es el ejercicio para mantener el pecho lleno, flexible y en buenas condiciones. Lo debes repetir en todo momento y en todo lugar hasta que formes el hábito de hacerlo. Cada vez que pises el exterior hacia el aire puro, fresco, respira. Cuando estés en el trabajo y pienses en ti y tu posición, respira. Cuando estés en compañía y es recordado el tema, respira. Cuando estés despierto en la noche, respira. No importa dónde estés o que estés haciendo, cada vez que la idea venga a tu mente, enderézate y respira. Si haces el ejercicio hasta el final, pronto se convertirá en un deleite para ti, lo mantendrás, no por la salud, sino por un tema de placer.

No consideres esto un "ejercicio de salud", *Nunca tomes a los ejercicios de salud o hagas gimnasia para estar bien. Hacer esto es reconocer la enfermedad como un hecho presente o una posibilidad, que es precisamente lo que no debes hacer.* Las personas que siempre están tomando ejercicios por su salud siempre están pensando acerca de estar enfermas. Debería ser un tema de orgullo contigo mismo el mantener la columna derecha y fuerte tanto como lo es mantener tu cara limpia.

Mantén tu columna derecha y tu pecho lleno y flexible por la misma razón que mantienes tus manos limpias y tus uñas arregladas, porque es desaliñado hacerlo de otra manera. Házlo sin un pensamiento de enfermedad, presente o posible. Tienes que estar con un aspecto desagradable o torcido, o estarías derecho. Si estás derecho, tu respiración tomará cuidado de sí misma. Encontrará referencias del tema de los ejercicios de salud nuevamente en un próximo capítulo.

Es esencial, de todas maneras, que respires aire. Parece ser la intención de la naturaleza que los pulmones reciban aire que contenga su porcentaje regular de oxígeno, y que este aire no esté enormemente contaminado por otros gases o por suciedad de cualquier otro tipo.

No te permitas pensar que estás obligado a vivir o trabajar donde el aire no sea apropiado para respirar. Si tu casa no puede ser ventilada apropiadamente, múdate. Si eres empleado donde el aire es malo, consíguete otro trabajo. Tú puedes hacer esto practicando los métodos en el libro *La ciencia de hacerse rico*.

Si nadie consintiera en trabajar en medio de un aire malo, los empleadores verían rápidamente qué hacer para que todos los lugares de trabajo fueran ventilados apropiadamente. El peor aire es aquel al que se le ha agotado el oxígeno por la respiración de muchas personas, como el de las iglesias y teatros donde se congregan multitudes, y la salida y abastecimiento de aire son pobres.

A continuación de esto, está el aire conteniendo otros gases aparte de oxígeno e hidrógeno. Pequeñas partículas de materia orgánica, aparte del alimento, son arrojadas generalmente de los pulmones, pero los gases van a la sangre.

Hablo intencionalmente cuando digo "aparte del alimento". El aire es, en forma amplia, un alimento. Es la cosa más completamente viva que tomamos con nuestro cuerpo. Cada respiración acarrea un millón de microbios, muchos de los cuales son asimilados. Los olores de la tierra, pasto, árboles, flores, plantas, etc. son comidas en sí mismos, son partículas diminutas de las sustancias de las cuales provienen. Generalmente, estas partículas están tan atenuadas que pasan directamente de los pulmones a nuestra sangre y son asimilados sin digestión. La atmósfera se impregna con la sustancia original única que es la vida misma.

Reconoce esto de forma consciente cada vez que pienses en tu respiración, piensa que estás respirando vida. Realmente lo estás haciendo, y el reconocimiento consciente ayuda al proceso. No respires aire que contenga gases venenosos y no vuelvas a respirar el aire que ha sido utilizado por ti u otros.

Eso es todo lo que hay en el tema de respirar correctamente. Mantén tu columna derecha y tu pecho flexible, y respira aire puro, reconociendo con agradecimiento el hecho de que respiras en la vida eterna. Esto no es difícil. Más allá de estas cosas, bríndale poco pensamiento a tu respiración, excepto para agradecer que has aprendido cómo hacerlo perfectamente.

DORMIR

El poder vital es renovado en el sueño. Todas las cosas vivas duermen. El ser humano, los animales, los reptiles, los peces y los insectos, todos duermen e incluso las plantas tienen períodos de sueño. Y esto es así, porque es en el sueño que nos contactamos de tal manera con el pincipio de la vida en la naturaleza que nuestras vidas pueden ser renovadas. Es en el sueño que el cerebro se recarga con energía vital y el principio de la salud le aporta fuerza nueva. Es de primordial importancia, entonces, que durmamos en un modo natural, normal y perfectamente saludable.

Estudiando el sueño, notamos que la respiración es mucho más profunda, más a la fuerza y rítmica que en el estado de estar despierto. Mucho más aire es inspirado cuando se está durmiendo que cuando se está despierto. Esto nos dice que el principio de la salud requiere grandes cantidades de algún elemento en la atmósfera para el propósito de la renovación.

Si rodeas al sueño con condiciones naturales, entonces, el primer paso es ver que tengas un abastecimiento ilimitado de aire puro y fresco para respirar. Los médicos han averiguado que dormir en el aire puro del exterior es muy eficaz en el tratamiento de los problemas pulmonares. En conexión con el modo de vivir o pensar que ha sido escrito en este libro, encontrarás que es eficaz para curar todos los otros tipos de problemas.

No tomes medidas de mitad de camino en este tema de asegurarte aire puro mientras duermes. Ventila tu habitación a fondo, tan a fondo que sea prácticamente lo mismo que dormir en el exterior. Ten una puerta o ventana completamente abierta. Ten una ventana abierta a cada lado de la habitación si es posible. Si no puedes tener una buena corriente de aire a través de la habitación, coloca la cabecera de tu cama cerca de la ventana abierta, entonces el aire de afuera puede llegar completamente a tu cara. No importa qué tan frío o desagradable sea el clima, ten una ventana abierta, y bien abierta, e intenta obtener una circulación de aire puro a través de la habitación. Apila ropa de cama, si es necesario, para mantenerte caliente, pero ten un abastecimiento ilimitado de aire fresco del exterior. Este es el primer gran requisito para dormir sanamente.

Los centros cerebrales y nerviosos no pueden ser revitalizados a fondo si duermes en aire "muerto" o estancado. Debes tener una atmósfera viviente, vital con el principio de la vida de la naturaleza. Repito: ventila la habitación donde vas a dormir completamente y ve que haya circulación de aire exterior a través mientras duermes. No estás durmiendo en un modo perfectamente saludable si cierras las puertas y ventanas de tu habitación al dormir, ya sea en verano o en invierno.

Ten aire fresco. Si te encuentras donde no hay aire fresco, múdate. Si tu habitación no puede ser ventilada, vete hacia otra casa.

Lo siguiente en importancia es la actitud mental con la cual te vas a dormir. Está bien dormir inteligentemente, determinadamente, sabiendo para qué lo haces. Acuéstate pensando que dormir es un revitalizador infalible y ve a dormir con una fe confiada en que tu fuerza será renovada, que te despertarás lleno de vitalidad y salud. Pon un propósito en tu dormir, como lo pones en tu comida. Dale al tema su atención por unos pocos minutos, mientras te vas a descansar.

No busques tu cama con un sentimiento de desaliento o de depresión. Ve ahí alegremente para sentirse completo. No te olvides del ejercicio de la gratitud al irte a dormir. Antes de cerrar tus ojos, agradécele a lo divino por haberte mostrado el camino hacia la salud perfecta. Ve a dormir con este pensamiento de gratitud en lo más alto de tu mente.

Una oración de gratitud a la hora de dormir es una cosa realmente buena. Coloca el principio de la salud dentro de tu comunicación con tu fuente, de la cual estás por recibir poder nuevo mientras estás en el silencio de la inconciencia.

Puedes ver que los requerimientos para dormir de forma perfectamente saludable no son difíciles. Primero, ver que respiras aire puro del exterior mientras duermes; segundo, poner tu interior en contacto con la sustancia viva con unos pocos minutos de meditación gratificante cuando vas a la cama. Observa estos requerimientos, ve a dormir en un marco mental franco y confiado, y todo estará bien. Si tienes insomnio, no dejes que te preocupe. Mientras yaces despierto, desde tu concepción de salud, medita con agradecimiento en la vida abundante que es la tuya, respira, y siéntete perfectamente confiado en que dormirás a tu debido tiempo y así lo harás. El insomnio, como cualquier otro malestar, debe dar lugar al principio de la salud suscitado a cualquier actividad totalmente constructiva por el curso del pensamiento y acción aquí descritos.

El lector comprenderá ahora que no es para nada dificultoso o desagradable realizar las funciones voluntarias de la vida en un modo perfectamente saludable. El modo perfectamente saludable es el modo más fácil, más simple, más natural y más placentero. Cultivar la salud no es un trabajo de arte, dificultad, ni un arduo trabajo. Solo debes dejar de lado las observaciones artificiales de cualquier tipo y comer, beber, respirar y dormir en el modo más natural y deleitable. Si haces esto, pensando en salud y solamente en salud, ciertamente estarás bien.

INSTRUCCIONES ADICIONALES

Al formar la concepción de salud, es necesario pensar en la manera en que vivirías y trabajarías si estuviera perfectamente bien y muy fuerte. Imagina haciendo cosas en el modo en que lo haría una persona que estuviera perfectamente bien y muy fuerte, hasta que tengas una medianamente buena concepción de lo que serías si estuvieras bien.

Luego, toma una actitud mental y física en armonía con esta concepción y no abandones esta actitud. Debes unificarte en pensamiento con lo que deseas. Según cual sea el estado o condición con que te unifiques contigo mismo en el pensamiento, serás unificado contigo en tu cuerpo. El modo científico es cortar relaciones con todo lo que no quieres y afrontar relaciones con todo lo que quieres. Forma una concepción de salud perfecta y relaciónate a esta concepción en palabra, acto y actitud.

Controla tu discurso. Haz que cada palabra armonice con la concepción de salud perfecta. Nunca te quejes. Nunca digas cosas como: "No dormí bien anoche", "Tengo un dolor en mi costado", "No me siento para nada bien hoy", etc. Di: "Estoy esperando con ansia una buena noche de sueño esta noche", "puedo ver que progreso rápidamente" y cosas de significado similar. En cuanto a lo concerniente a todo lo conectado con la enfermedad, tu mejor modo es olvidarlo. En cuanto a todo lo conectado con la salud, tu modo es unificarte con ella en pensamiento y discurso.

Esto es todo. En síntesis, házte uno con la salud en pensamiento, palabra y acción; y no te conectes con la enfermedad, ya sea por el pensamiento, palabra o acción.

No leas "libros médicos", literatura clínica o la bibliografía de aquellos cuyas teorías entran en conflicto con aquellas aquí planteadas. Hacer esto seguramente socavará tu fe en el modo de vivir en el cual has ingresado, y te causará volver otra vez a relaciones mentales con la enfermedad. Este libro realmente te brinda todo lo que es requerido. No ha sido omitido nada esencial y, prácticamente, todo lo superfluo ha sido eliminado.

La ciencia de estar bien es una ciencia exacta como la aritmética. Nada puede ser sumado a los principios fundamentales, y si algo se elimina de ellos, resultará en un fracaso. Si sigues estrictamente el modo de vivir prescrito en este libro, estarás bien. Ciertamente, puedes seguir este cierto modo, tanto en pensamiento como en acción.

No te relaciones solamente contigo mismo, sino lo más posible con todos los otros, en tus pensamientos, con la salud perfecta. No simpatices con personas cuando se quejan o incluso cuando estén enfermos o sufriendo. Cambia tus pensamientos a un canal constructivo, si puedes. Haz todo lo que puedas para su alivio, pero házlo con el pensamiento de salud en tu mente.

No dejes que las personas te cuenten sus pesares o cataloguen sus síntomas en ti. Cambia la conversación a algún otro tema o excúsate y retírate. Mejor que te consideren una persona insensible que tener el pensamiento de enfermedad forzado dentro de ti.

Cuando estés en compañía de personas cuyo único tema de conversación es la enfermedad y temas relativos, ignora lo que digan y ofrece una plegaria mental de gratitud por tu salud perfecta. Si eso no logra que puedas dejar fuera tus pensamientos, di adiós y déjalos.

Sin importar lo que piensen o digan, la cortesía no requiere que te permitas ser envenenado por pensamientos negativos. Cuando tengamos algunos cientos de miles de pensadores iluminados más que no se queden donde las personas se quejan y hablan de enfermedades, el mundo avanzará rápidamente hacia la salud. Cuando dejas que la gente te hable de enfermedad, los ayudas a aumentar y multiplicar la enfermedad.

PREGUNTAS Y REPUESTAS

¿Qué debo hacer cuando estoy sufriendo? ¿Puede uno estar en sufrimiento físico real y todavía pensar solamente con pensamientos de salud?

Sí. No resistas el dolor. Reconoce que es una buena cosa. El dolor es causado por un esfuerzo del principio de salud para sobreponerse a alguna condición antinatural. Esto lo debes saber y sentir.

Cuando tienes un dolor, piensa que el proceso de sanar está llevándose a cabo en la parte afectada, y mentalmente asiste y coopera con él. Colócate en armonía mental completa con el poder que está causando el dolor, asístelo, ayúdalo todo el tiempo. No dudes, cuando sea necesario, en usar formulaciones polémicas y medios similares para mejorar el buen trabajo que se está realizando. Si el dolor es severo, acuéstate y dale a tu mente el trabajo de cooperar silenciosa y fácilmente con la fuerza que está trabajando para tu bien.

Este es el tiempo para ejercitar la gratitud y la fe. Sé agradecido por el poder de la salud que está causando el daño y asegúrate de que el dolor acabará tan pronto estés realizado el buen trabajo. Fija tus pensamientos, con confianza, en el principio de la salud que está creando tales condiciones dentro de ti como para que el dolor pronto sea innecesario. Te sorprenderás al darte cuenta de lo fácil que puedes conquistar al dolor. Después de que hayas vivido por un tiempo en ese modo, los dolores y malestares serán cosas desconocidas para ti.

¿Qué debo hacer cuando estoy demasiado débil para trabajar? ¿Debo conducirme más allá de mis fuerzas, confiando en que lo divino me apoyará? ¿Debo continuar, como el corredor, esperando un "segundo aliento"?

No, mejor no. Cuando comienzas a vivir de este cierto modo, probablemente no tendrás una fuerza normal y pasarás gradualmente de una condición física baja a una más alta. Si te relacionas mentalmente con la salud y la fuerza, y desarrolla las funciones voluntarias de la vida en una manera perfectamente saludable, tu fuerza aumentará día a día. Sin embargo, por un tiempo puedes tener días cuando tu fuerza sea insuficiente para el trabajo que te gustaría hacer.

En tales momentos, descansa y ejercita la gratitud. Reconoce el hecho de que tu fuerza está creciendo rápidamente, y siente un profundo agradecimiento a la fuerza de vida de la cual provienes. Pasa una hora de debilidad en agradecer y descansar, con fe completa en que la gran fuerza está cerca. Luego, levántate y continúa nuevamente. Mientras descansas, no pienses en tu debilidad presente, piensa en la fuerza que estás viniendo.

Nunca, en ningún momento, te permitas pensar que estás dándole lugar a la debilidad. Cuando descanses, como cuando te vas a dormir, fija tu mente en el principio de la salud que está reconstruyéndote a fuerza completa.

¿Qué debo hacer con respecto a ese gran fantasma que asusta a millones de personas a la muerte cada año que es el estreñimiento?

No hagas nada. Consigue la fuerza total de su explicación en el hecho de que, cuando vives en este plan aquí explicado, no necesitas tener una evacuación de los intestinos todos los días y que una evacuación de entre una vez cada tres días a una vez en dos semanas es suficiente para la salud perfecta. Los que se alimentan groseramente, que comen de tres a diez veces más de lo que puede ser utilizado en sus sistemas, tienen grandes cantidades de desperdicios para eliminar. Si vives de la manera que hemos descrito, será de otra forma en tu caso.

Si comes únicamente cuando te has ganado el hambre, masticas cada bocado hasta convertirlo en líquido y paras de comer en el instante en que comienzas a estar consciente de una disminución de tu hambre, prepararás tan perfectamente tu alimento para la digestión y asimilación que prácticamente todo ello será tomado por los absorbentes y habrá poco que permanezca en los intestinos como para ser excretado. Si eres capaz de desvanecer enteramente de tu memoria todo lo que has leído en "libros de doctores" y publicidad de patentes de medicinas concernientes al estreñimiento, no necesitas darle a este tema ningún pensamiento en absoluto. El principio de la salud se ocupará de ello.

Si tu mente ha sido llenada con pensamientos de temor concernientes al estreñimiento, puede estar bien que, en el comienzo, ocasionalmente laves tu colon con agua tibia. No existe la menor necesidad de hacerlo, excepto para hacer que el proceso de tu emancipación mental del miedo sea un poco más fácil. Puede valer la pena solo por eso. Y, en cuanto veas que estás haciendo buenos progresos, que has disminuido tu cantidad de alimento y estás comiendo realmente en un modo adecuado, descarta el estreñimiento de tu mente para siempre, no tienes nada más que hacer con él. Coloca tu confianza en ese principio dentro de ti que tiene el poder para darte salud perfecta. Relaciónalo por medio de tu gratitud al principio de la vida que es todo poder y continúa tu camino con regocijo.

¿Qué hay sobre el ejercicio?

Todo el mundo está mejor a cambio de una pequeña utilización total de los músculos todos los días. La mejor forma de conseguir esto es ocupándose en alguna forma de juego o entretenimiento. Trata de hacer tu ejercicio en un modo natural, como la recreación, no una acrobacia forzada por el bien de la salud únicamente. Monta un caballo o una bicicleta, juega al tenis o a los bolos, arroja una pelota. Ten alguna vocación, como la jardinería, en la cual puedes pasar una hora cada día con placer y beneficio. Hay miles de maneras en las cuales puedes obtener el suficiente ejercicio para mantener tu cuerpo flexible y tu circulación buena y, aun así, no caer en el único pensamiento de "ejercitar tu salud". Ejercita por diversión y beneficio. Ejercita porque estás demasiado sano para sentarte quieto y no porque desees ponerte sano o mantenerte así.

¿Son necesarios los ayunos prolongados?

Rara vez, si es que alguna. El principio de la salud no requiere comúnmente veinte, treinta o cuarenta días para estar listo para la acción. Bajo condiciones normales, el hombre llegará en mucho menos tiempo. En la mayoría de los ayunos prolongados, la razón por la cual el hambre no llega antes es porque ha sido inhibida por el paciente mismo. Comienza el ayuno con el temor (si no lo con la esperanza) de que pasarán muchos días antes de que llegue el hambre. La literatura que has leído en el tema te ha preparado para esperar un largo ayuno y hállate severamente determinado a llegar al final, dejando que el tiempo sea tan largo como deba ser. La mente subconsciente, bajo la influencia de sugestiones poderosas y positivas, suspende el hambre.

Cuando, por alguna razón, la naturaleza aleje tu hambre, continúa alegremente con tu trabajo habitual y no comas hasta que el hambre vuelva. Sin importar si es dos, tres o diez días o más, puedes estar perfectamente seguro de que, cuando sea el tiempo para que comas, tendrás hambre. Si estás confiadamente alegre y mantienes tu fe en la salud, no sufrirás ninguna debilidad o incomodidad causada por la abstinencia. Cuando no tienes hambre, te sentirá más fuerte, más feliz y más cómodo si no comes que si comes. No importa lo largo del ayuno. Si vives en el modo científico descrito en este libro, nunca tendrás que hacer largos ayunos. Raramente te perderás una comida y disfrutarás tus comidas más que nunca en tu vida. Consigue un HAMBRE GANADA antes de comer. Cada vez que consigas un hambre que hayas ganado, come.

UN RESUMEN DE
LA CIENCIA DE ESTAR BIEN

La salud es funcionamiento perfectamente natural, vida normal. Hay un principio de la vida en el universo, es la sustancia viviente de la cual todas las cosas están hechas. En su estado invisible, está en y a través de todas las formas, todas las formas están hechas de ella.

La sustancia universal es una sustancia pensante y toma la forma del pensamiento. El pensamiento de una forma, sostenida por ella, crea la forma; y el pensamiento de un movimiento causa el movimiento. No puede evitar pensar y entonces está creando por siempre, y debe avanzar hacia una expresión de sí misma más llena y más completa. Esto significa: hacia una vida más completa y un funcionamiento más perfecto; y eso significa: hacia la salud perfecta. El poder de la sustancia viviente debe siempre ser empleado hacia la salud perfecta, es una fuerza en todas las cosas para hacer su funcionamiento perfecto.

Todas las cosas se hacen permeables por un poder que se mueve hacia la salud.

El ser humano puede relacionarse con este poder y aliarse con él, además, puede también separarse de él en sus pensamientos.

El ser humano es una forma de esta sustancia viviente y tiene dentro de él un principio de la salud. Este principio, cuando está en actividad constructiva completa, causa que todas las funciones involuntarias del cuerpo del hombre se realicen perfectamente.

El ser humano es una sustancia de pensamiento. Haciendo permeable un cuerpo visible, los procesos de su cuerpo son controlados por el pensamiento.

Cuando una persona piensa únicamente pensamientos de salud perfecta, los procesos internos de su cuerpo serán aquellos de perfecta salud. El primer paso del hombre hacia la salud perfecta debe ser el de formar una concepción de sí mismo como perfectamente saludable y hacer todas las cosas en el el modo y la manera de una persona perfectamente saludable. Habiendo formado esta concepción, debe relacionarse con ella en todos sus pensamientos y cortar toda relación de pensamiento con la enfermedad y la debilidad. Si hace esto y piensa sus pensamientos de salud con FE positiva, la persona causará que el principio de salud que existe dentro se haga constructivamente activo y que cure todas las enfermedades. Poder adicional del principio universal de la vida se recibe por medio de la fe y se puede adquirir fe al mirar hacia este principio de fe con gratitud reverente por la salud. Si el hombre puede aceptar de forma consciente la salud que le es brindada continuamente por la sustancia viviente y si es debidamente agradecido, desde luego, desarrollará esa fe.

Una persona no puede solo tener pensamientos de salud perfectos a menos que realice las funciones voluntarias de la vida de una manera perfectamente saludable. Estas funciones saludables son comer, beber, respirar y dormir. Si el hombre piensa solamente pensamientos de salud, tiene fe en la salud, y come, bebe, respira y duerme en un modo perfectamente saludable, debe tener salud perfecta.

La salud es el resultado de pensar y actuar en un cierto modo. Si un hombre enfermo comienza a pensar y actuar en este modo, el principio de salud interno arribará a la actividad constructiva y sanará todas sus enfermedades. Este principio de salud es el mismo en todos y está relacionado al principio de la vida del universo, es capaz de sanar todas las enfermedades y surgirá en actividades cada vez que el hombre piense y actúe en concordancia con *La ciencia de estar bien.* Por lo tanto, todos los seres humanos pueden alcanzar la salud perfecta.

FIN

La ciencia de hacerse rico

WALLACE D. WATTLES

INTRODUCCIÓN

El enfoque de este libro es práctico. Es un manual de conducta, no un conjunto de planteamientos teóricos. Lo escribí para aquellas personas interesadas en mejorar su situación financiera y crear riqueza y no simplemente para quienes desean filosofar acerca del dinero. Es una obra para aquellos que están dispuestos a actuar con rapidez, basados en los principios de esta ciencia, sin perder tiempo analizando el *porqué* de cada proceso.

Espero que abras tu mente y aceptes estos principios con la misma fe y confianza con la que aceptarías una presentación sobre las leyes de la electricidad, si ésta fuera realizada por el mismo Tomás Alva Edison. Solo así podrás tomar estos fundamentos y verificar la verdad que ellos encierran, actuando con firmeza, sin dudas ni temores. Todo aquel que haga esto encontrará la riqueza, porque la ciencia aplicada aquí es una ciencia exacta y es imposible que falle.

Decidí escribir este libro en un lenguaje y estilo claro y sencillo de manera que sea comprensible para cualquier persona. El plan de acción expuesto aquí ha sido completamente probado y supera la máxima prueba de experimentación práctica. Funciona.

Si llevas a cabo los pasos que encontrarás a lo largo de este libro, lograrás alcanzar la libertad financiera y tu éxito será inevitable.

—Wallace D. Wattles

EL DERECHO A LA RIQUEZA

Es imposible encontrar algo que decir de la pobreza que sea positivo y edificante. Lo cierto es que no es posible vivir una vida completa o exitosa a menos que poseamos una mentalidad de abundancia que nos permita experimentar la vida de riqueza a la cual todos tenemos derecho.

Nadie puede alcanzar el máximo de su potencial en talento o en desarrollo interior a menos que cuente con el capital y los medios para hacerlo, ya que el desarrollo personal de nuestros talentos y habilidades requiere de nosotros una inversión tanto en tiempo como en dinero.

El ser humano desarrolla su mente utilizando diferentes herramientas: centros educativos, libros, manuales, audiolibros y revistas, las cuales requieren la inversión de dinero. Por tanto, podemos decir que la base del progreso y crecimiento de la persona exige que ella haya logrado alcanzar el nivel de riqueza que le permita realizar dicha inversión.

El objetivo de la vida es crecer y desarrollarse. Todos tenemos derecho al desarrollo que seamos capaces de conseguir. El derecho a la vida incluye tu derecho de tener acceso a todo aquello que puedas necesitar para tu completo bienestar y desarrollo mental, espiritual y físico. En otras palabras, tu derecho a ser libre.

No voy a hablar de riquezas en sentido figurado. Ser realmente rico no significa estar satisfecho o contento con poco. Nadie debe estar satisfecho con poco si es capaz de usar y de disfrutar más el dinero. El propósito de la naturaleza es el progreso y la expansión de la vida. Contentarse con menos es indebido.

El mundo moderno ha avanzado tanto y se ha vuelto tan complejo que cualquier persona, por más común que parezca, requiere de gran riqueza para vivir de una manera que se aproxime a una vida plena.

Es natural que todas las personas quieran convertirse en todo lo que son capaces de ser. Este deseo es propio de la naturaleza humana y es una de nuestras mayores motivaciones. El éxito en la vida es llegar a ser lo que quieres ser. Y en el mundo real, llegar a lograrlo implica tener acceso a aquellas cosas que la riqueza nos puede facilitar. Por lo tanto, entender el camino a la riqueza es el más esencial de todo el conocimiento.

No hay nada negativo en desear ser próspero. La búsqueda de la libertad financiera es, en realidad, el deseo de una vida más plena y abundante (y ese deseo es muy natural). Lo inaudito sería no desear vivir una vida de abundancia, no querer experimentar prosperidad y riqueza en nuestra vida ni desear poseer los medios que nos brinden la calidad de vida que merecemos.

Hay tres razones que motivan todas nuestras acciones: vivimos para mantener el cuerpo, para desarrollar la mente y para salvaguardar el alma. Todas ellas son importantes, todas son deseables, y ninguna de ellas (cuerpo, mente o alma) puede vivir completamente si las otras dos están reprimidas o les falta expresión y plenitud. No es correcto vivir solo para el alma y negar el cuerpo o la mente, y tampoco lo es el vivir para el intelecto, negando el cuerpo o el alma.

Todos conocemos las terribles consecuencias de vivir para el cuerpo y negar la mente y el alma, y vemos que la vida plena significa la completa expresión de la armonía entre cuerpo, mente y alma. Nadie puede estar satisfecho a menos que su cuerpo esté completamente vivo en cada una de sus funciones, y que ocurra lo mismo con su mente y su alma.

Mientras exista un potencial sin expresión o una función no desempeñada, habrá un deseo insatisfecho. El deseo no es más que una posibilidad buscando una expresión o una función buscando un buen desempeño.

Una persona no puede vivir completamente con su cuerpo sin el alimento que lo nutra, sin vestuario confortable y un techo que lo resguarde y le dé cobijo. De igual manera, el descanso y la recreación también son necesarios para la vida física.

No se puede vivir plenamente la parte mental sin el alimento que nos dan los libros y el tiempo para estudiarlos o sin la oportunidad de poder viajar y apreciar la riqueza de las diferentes culturas, ya que todo esto contribuirá a nuestro crecimiento y desarrollo intelectual.

Para que el alma pueda vivir completamente, la persona debe *amar*. No obstante, el amor en su máxima expresión es negado por la pobreza.

El ser humano encuentra su mayor felicidad siempre que puede proporcionar un beneficio a quienes ama. El amor encuentra su expresión más natural y espontánea cuando da. Por esta razón, el individuo que no tiene nada que dar no puede llenar su lugar como esposo o padre, ciudadano o ser humano. Tampoco puede ayudar a otros seres humanos necesitados, ya que el pobre no puede ayudar al pobre más de lo que el ciego podría hacer guiando a otro ciego.

Es en el uso de todas aquellas cosas materiales que la persona tiene a su alrededor en donde encuentra la manera de desarrollar su cuerpo, alimentar su mente y desplegar su alma. Por lo tanto, es muy importante para cada individuo alcanzar el estado de riqueza que nos dé acceso a estas cosas.

Es completamente válido que desees vivir una vida de abundancia. Si eres un ser humano normal, no puedes evitarlo. No hay nada incorrecto en ello ni es muestra de un carácter débil el prestarle atención a *La ciencia de hacerte rico*, porque es el más noble y necesario de todos los estudios.

Si desprecias este estudio, estás fallando en tu deber contigo mismo y con la humanidad, porque no hay un mayor servicio que le puedas prestar a tus seres queridos, a tu país y a la humanidad que convertirte en lo máximo que puedas ser. Solo así harás el mayor uso de todos los dones que posees.

EL CAMINO PARA ALCANZAR LA LIBERTAD FINANCIERA

Al igual que el álgebra o la aritmética son ciencias exactas, también existen ciertas reglas para el proceso de adquirir riqueza. Una vez que esas reglas se aprenden y se siguen, la persona se hará rica con una precisión matemática.

La posesión del dinero y la riqueza viene como resultado de hacer las cosas de cierta manera. Quienes así las hacen (ya sea a propósito o accidentalmente) triunfan, mientras que aquellos que no lo hacen de dicha manera (no importa qué tanto trabajen o qué tan capaces sean) permanecen pobres.

Esta ley natural conocida como "la ley de la causa y el efecto" indica que toda causa produce un efecto determinado y que causas iguales producen efectos iguales. La riqueza es el efecto o resultado de ciertas causas. Por lo tanto, cualquier hombre o mujer que aprenda a producir estas causas en su vida, sin duda, triunfará.

Los siguientes hechos demuestran la veracidad de esta última afirmación:

La riqueza financiera no es una cuestión del medio o la ubicación. Si así fuera, toda la gente de ciertos vecindarios se volvería rica. La gente de una ciudad toda sería pudiente, mientras que aquellos de otros pueblos serían todos pobres y todos los habitantes de un estado serían inmensamente ricos, mientras que los del estado del lado serían pobres.

En todas partes, vemos gente rica y pobre viviendo en las mismas ciudades, no muy lejos la una de la otra, compartiendo el mismo ambiente e inclusive hasta en las mismas profesiones. Cuando dos personas viven en el mismo ambiente y tienen la misma profesión y uno se vuelve rico mientras que el otro permanece pobre, esto demuestra que hacerse rico no es una cuestión de ubicación.

Obviamente, algunos ambientes pueden ser más propicios y favorables que otros, pero cuando encontramos dos personas en el mismo tipo de negocio y en el mismo vecindario y uno se hace rico mientras que el otro fracasa, lo que esto indica es que alcanzar la riqueza es el resultado de hacer las cosas de cierta manera.

Es más, la habilidad para hacer las cosas de la manera correcta no es simplemente el resultado de tener talento, ya que mucha gente con gran talento se mantiene pobre, mientras otros, aparentemente con muy poco talento, se hacen ricos.

Estudiando la gente que se hace rica, encontramos que son personas promedio en muchos aspectos. Es evidente que ellos no son el resultado de poseer talentos y habilidades que otros no tienen. Lo logran porque actúan de una manera que produce como efecto la adquisición de la riqueza.

El éxito financiero tampoco es necesariamente el resultado de ahorrar o ser frugal. Mucha gente frugal es pobre, mientras que otros que podrían ser catalogados de gastadores con frecuencia se hacen ricos.

Si hacerse rico es el resultado de hacer las cosas de cierta manera y estamos de acuerdo que causas iguales producen resultados o efectos iguales, entonces cualquier hombre o mujer que haga las cosas de esa manera se volverá rico. La cuestión de cómo lograr la libertad financiera se reduce a una ciencia exacta.

Aquí surge la pregunta de si esta manera de hacer las cosas es tan difícil que solo algunos pueden aprenderla y seguirla. Como todos hemos podido observar, esto no es verdad, por lo menos en lo que se refiere a las destrezas y habilidades naturales del individuo, ya que hay gente talentosa que se hace rica y personas mucho menos talentosas que también lo logran. Muchos intelectuales se vuelven ricos y gente con muy poca preparación o estudio, también; gente muy fuerte físicamente logra el éxito financiero, así como pueden lograrlo personas débiles y enfermizas.

Por supuesto, se requiere alguna habilidad de pensar y entender, pero en lo que respecta a habilidad natural, cualquiera que entienda estas líneas puede hacerse rico.

También hemos visto que no es una cuestión de ubicación geográfica. Aunque es cierto que la ubicación tiene algún efecto, uno no se iría a la mitad de un desierto deshabitado para tener un restaurante exitoso.

El éxito involucra siempre el trato y la interacción con la gente, estar donde está la gente. Y si a esta gente le interesa lo que tú ofreces, mucho mejor. Pero eso es todo lo que concierne a la ubicación.

Si alguien más en tu pueblo se puede hacer rico, tú también puedes lograrlo. Si alguien más en tu país alcanza la libertad económica, tú también puedes alcanzarla.

No es cuestión de escoger un negocio o profesión en particular. La gente se puede enriquecer en cualquier actividad cuando el vecino de al lado se queda pobre.

Es indudable que te irá mejor en un negocio que te guste y con el cual sientas cierta afinidad.

Si has tomado el tiempo para desarrollar ciertos talentos, te irá mucho mejor en un negocio que requiera de dichos talentos.

Sin embargo, no olvides que todos tenemos la capacidad de desarrollar cualquier talento que nuestro negocio requiera. Lo único que necesitamos es un motivo para hacerlo y la disciplina para adquirir y desarrollar dicho talento.

Además de estas limitaciones, el éxito financiero no depende del tipo de negocio o profesión en que desees desempeñarte, sino de tu disposición para aprender a actuar de acuerdo con los principios del éxito. Eso es todo.

Si estás desarrollando un negocio y sabes de alguien más que ha logrado amasar una gran fortuna en el mismo negocio, mientras que tú no logras salir de la pobreza, es simplemente porque no estás haciendo las cosas de la misma manera o con el mismo nivel de compromiso que la otra persona las está haciendo.

Muchas veces creemos que la falta de éxito en nuestro negocio es el resultado de no contar con el capital suficiente. Y si bien es cierto que mientras más capital tengamos más fácil y rápido será el crecimiento de nuestro negocio, también es cierto que la inmensa mayoría de los emprendedores que lograron crear grandes fortunas empezaron sin ningún capital.

No importa qué tan pobre seas, si empiezas a hacer las cosas que sabes que tienes que hacer, de la manera apropiada, empezarás a adquirir riqueza y a tener capital. Obtener capital es parte del proceso de hacerse rico y del resultado que invariablemente se obtiene al hacer las cosas de la manera correcta.

Puedes ser la persona más pobre del continente (financieramente hablando) y estar sumido en deudas. Es posible que no tengas amigos, influencias o recursos. Con todo, si empiezas a hacer las cosas como se explica aquí, empezarás a adquirir fortuna, ya que las mismas causas que trajeron riqueza a otros producirán los mismos efectos para ti.

Si no tienes capital, puedes conseguirlo. Si estás en el negocio o profesión equivocados, puedes cambiar. Si crees que estás en el sitio equivocado, busca la ubicación correcta.

No creas que debes esperar hasta que realices dicho cambio para empezar a triunfar. Puedes empezar a lograr tu éxito en tu ubicación y negocio actuales, haciendo aquellas cosas que traen como resultado el éxito financiero y la creación de riqueza.

EL MITO DEL "MONOPOLIO DE LAS OPORTUNIDADES"

Nadie se mantiene pobre porque otra gente le haya privado de sus oportunidades o haya monopolizado la riqueza y construido una cerca alrededor para evitar que puedas tener acceso a ella. Es posible que cierto tipo de negocios, inversiones o actividades estén fuera de tu alcance, pero hay muchos otros canales abiertos para ti.

Muchas de las grandes historias de éxito han sido precisamente el resultado de haber creado nuevas oportunidades en nuevos mercados o en industrias que no existían hasta ese momento. En diferentes épocas, la corriente de las oportunidades se mueve en distintas direcciones de acuerdo con las necesidades del mercado y el estado de avance de la sociedad.

Hay muchas oportunidades para aquellas personas que, al encontrar una pared, usan su ingenio e iniciativa para crear una puerta, en lugar de optar por darse contra este muro de manera testaruda, quejándose de lo injusto de la situación.

Tan difícil como nos resulte aceptarlo, lo cierto es que los empleados, los obreros y la clase laboral en general no están desprovistos de oportunidades. Los trabajadores no están condenados a la pobreza por sus empleadores ni por los grandes negocios o los bancos. Ellos están donde están como resultado de no actuar de manera coherente con los principios del éxito.

La ley de la riqueza es la misma para todos. Sin embargo, debemos entender que, mientras continuemos haciendo lo mismo que hemos venido haciendo, continuaremos cosechando los mismos resultados que hemos obtenido. En cambio, si decidimos cambiar, crecer y aprender las leyes del éxito y la riqueza presentadas a todo lo largo de esta obra, se abrirá para nosotros una nueva vida, llena de oportunidades y abundancia.

Nadie es pobre porque haya insuficiencia de riquezas. Hay mucho más que suficiente para todos. A pesar de lo mucho que se ha hablado en los últimos tiempos sobre el agotamiento de los recursos naturales del planeta, lo cierto es que muchos de estos recursos visibles son prácticamente inagotables. Cada día se crean nuevos recursos y estos, más el capital intelectual, no solo son inagotables, sino que están en proceso constante de expansión.

Todo lo que existe proviene de una sustancia original de la cual se crean todas las cosas. Allí se crean nuevas formas y las viejas formas se disuelven, pero todas son asumidas por la misma sustancia.

No hay límite en el recurso de tal sustancia. Todo el universo está hecho de ella, a pesar de lo cual no está completamente agotada. Por lo tanto, nadie es pobre porque la naturaleza lo sea o porque no haya suficiente.

La naturaleza es una fuente inagotable de riqueza. Los recursos nunca quedarán cortos. Cuando pensamos que se están agotando los recursos, se crean más. La sustancia original toma la forma que la humanidad necesita y no dejará que ella se quede sin recursos.

La raza humana en conjunto es abundantemente rica. Si un individuo es pobre es porque ha optado por ignorar o no seguir las leyes que ya han enriquecido a otras personas.

Es algo natural e inherente al ser humano el buscar una vida de plenitud. Es la naturaleza de la inteligencia el desarrollarse más, y de la mente buscar expandir sus límites y encontrar mejores maneras de expresarse. El universo es un gran ser vivo que siempre se mueve hacia más vida y hacia un funcionamiento cada vez más perfecto.

La función principal de la naturaleza es asegurar el avance de la vida. Debido a esto, todo lo que concierne a ella es suministrado en abundancia por la naturaleza.

Tú no eres pobre porque no haya recursos. Más adelante, demostraré que todos los recursos necesarios para el crecimiento y desarrollo del ser humano están a las órdenes de las leyes que rigen la riqueza y de los hombres y mujeres que siguen estas leyes.

EL PRIMER PRINCIPIO DE LA PROSPERIDAD

El pensamiento es lo único que puede producir riquezas y bienes tangibles a partir de lo intangible. Una forma que se origina en el pensamiento tiende a producir dicha forma en la realidad.

Todo lo que vemos en el mundo que nos rodea es la expresión visible de una idea que se ha formado en el pensamiento. Todos somos producto de nuestros pensamientos. En otras palabras, el pensamiento de la riqueza no causa la formación instantánea de dicha riqueza, pero sí empieza a desencadenar las acciones que la producirán de acuerdo con las líneas de acción ya establecidas.

El pensamiento de una casa de ciertas características en la mente de un arquitecto puede no causar la aparición instantánea de la casa, pero provocará el movimiento de su energía creativa para que produzca su rápida creación.

No podemos albergar ningún pensamiento en nuestra mente de manera consistente sin que, tarde o temprano, dicho pensamiento de origen a la forma que representa. Podríamos afirmar que toda creación física está precedida por una creación mental.

El ser humano es un ser pensante, capaz de originar pensamientos propios. Todo aquello que una persona crea con sus manos, primero lo tuvo que haber creado en su cabeza. No pudo haber creado algo antes de haberlo pensado.

Gran parte de la humanidad limita sus esfuerzos completamente al trabajo que pueda realizar con sus manos, tratando de cambiar o modificar con su esfuerzo físico el mundo que le rodea. Solo unos pocos logran producir creaciones originales como producto de sus pensamientos.

Cualquier persona que guarda un objeto o una idea en su pensamiento puede tomar imágenes e información del mundo que la rodea y visualizarla en su mente. Este es un poder que muchas personas ni siquiera conocen. Ellas se limitan a cambiar y modificar su mundo a través de la labor manual y no se han detenido a cuestionarse si pudieran ser capaces de producir la realidad que desean experimentar a partir de los pensamientos que albergan en su mente.

Unos de mis objetivos son demostrar que cualquier hombre o mujer puede hacer uso de este poder y demostrar cómo. El primer paso es establecer tres principios fundamentales.

Primero, el ser humano es producto de sus pensamientos. La mente es capaz de producir el equivalente físico de los pensamientos que alberga. Un pensamiento en nuestra mente es capaz de crear la realidad que imagina en dicho pensamiento.

Un ser humano es un centro pensante, capaz de pensamientos originales. Él puede causar la creación o formación de aquello que piensa. Los pensamientos de riqueza conducen a la riqueza y los de escasez producen escasez.

Una persona puede formar objetos, ideas y realidades en su pensamiento. Actuando con fe y decisión sobre ellos, puede crear aquello que piensa.

El lector se preguntará si puedo probar estas afirmaciones. Sin titubear, afirmo que sí. Lo puedo evidenciar por lógica y por experiencia.

Por ejemplo, una persona que lea este libro y logre la riqueza financiera como resultado de aplicar los principios aquí expuestos es una evidencia a favor de lo que digo. Más aún, si cada persona que hace lo que este libro dice logra la libertad financiera, eso es una prueba concluyente de que estos principios son infalibles.

Y así, la teoría continuará siendo aceptada como una verdad hasta que alguien realice el proceso y falle. Pero, lo cierto es que este proceso no falla para quien adopte los principios de éxito presentados aquí, sin cuestionamientos.

He afirmado que la gente se hace rica haciendo las cosas de cierta manera. Para lograr esto, la gente debe cambiar su manera de pensar y comenzar a hacerlo de manera consistente con los principios del éxito.

El *segundo* principio es que la manera como una persona hace las cosas es el resultado directo de la forma como piensa acerca de las cosas.

Para hacer las cosas de la manera en que quieres hacerlas, debes adquirir la habilidad de pensar de la manera como debes pensar. Esto significa pensar y actuar como sabes que debes hacerlo. Este es el segundo paso de la ciencia de hacerse rico.

Todas las personas tienen el poder natural de pensar lo que quieran pensar. Con todo, se requiere más esfuerzo para pensar como sabes que debes hacerlo que para pensar y actuar de acuerdo con el "qué dirán" y a las apariencias. Pensar de acuerdo con las apariencias es fácil. Pensar la verdad, sin importar las apariencias o lo que otros puedan decir, es más difícil y requiere más esfuerzo.

No hay actividad a la que más gente le huya que a pensar de manera firme y consecuente con los principios del éxito. Es el trabajo más duro del mundo. Goethe afirma que: "pensar es fácil. Actuar es un poco más difícil. Pero actuar según nuestros pensamientos más virtuosos es lo más difícil de todo".

El *tercer* principio es que aquello en lo que nos enfocamos en el mundo tiende a producir una forma equivalente en nuestra mente. Aquello en lo cual te enfocas tiende a expandirse. De manera que, si deseamos triunfar, esto requiere que mantengamos siempre un pensamiento enfocado en la verdad.

Debemos empezar por aferrarnos a la verdad de que no hay pobreza, solo abundancia, puesto que las apariencias y pensamientos de pobreza siempre provocarán formas similares en tu mente.

Pensar en salud en medio de la enfermedad o pensar en riqueza en medio de la pobreza requiere destreza. Quien adquiere esta destreza tiene una mente disciplinada, conquistará su destino y obtendrá lo que desee.

Cuando nos damos cuenta de esto nos deshacemos de nuestras dudas y temores, porque sabemos que manifestamos lo que queremos crear y nos convertimos en lo que queremos ser. Como primer paso para volverse rico, debes aceptar estos tres principios.

Debes considerar estos principios hasta que estén arraigados en tu pensamiento y se hayan vuelto hábitos. Lee estas afirmaciones una y otra vez. Memoriza cada palabra en tu cabeza hasta que creas firmemente en esto. Si una duda aparece, hazla a un lado rápidamente.

No escuches argumentos contrarios a estas ideas ni asistas a grupos donde se enseñen conceptos contradictorios a estos principios. No leas revistas o libros que no apoyen la idea de que tú eres el arquitecto de tu propio destino con tu manera de pensar. El camino a la riqueza empieza por la absoluta creencia de estos principios.

AGREGANDO MÁS VIDA A TU VIDA

Debes deshacerte de la idea errónea de que hay un Dios que quiere o demanda que seas pobre, o que sus propósitos se servirán manteniéndote a ti en la pobreza.

La única verdad es que vivimos en un universo de abundancia. Una semilla, sembrada en el suelo, se activa. En el solo acto de vivir, produce cientos de semillas más. La vida al vivir se multiplica sola. Se vuelve siempre más. Debe ser de este modo si desea continuar existiendo.

La inteligencia está sujeta a esta misma necesidad de incrementar y crecer continuamente. Cada pensamiento que tenemos genera en nosotros la necesidad de pensar nuevos pensamientos. La conciencia se está incrementando continuamente. Cada talento que cultivamos trae a la mente el deseo de sembrar otro talento. Estamos sujetos a la urgencia de la vida que siempre nos lleva a querer saber más, hacer más y ser más.

Y para saber más, hacer más y ser más, debemos tener más. Debemos tener acceso al dinero y a los bienes materiales que nos permitan aprender. Debemos lograr la independencia económica para que podamos vivir más.

El deseo que todo ser humano tiene de lograr riqueza no es más que la aspiración de una vida plena buscando satisfacerse. Cada deseo es el esfuerzo de una posibilidad que busca ser realidad. Es el poder buscando manifestarse lo que origina todo deseo. Aquello que hace que quieras más dinero es lo mismo que hace que crezca una planta, es la vida buscando una expresión más plena. Es el deseo de lo supremo de que seas rico. El universo quiere que seas próspero, porque puede hacer mejor uso de tu vida para su obra si vives una vida de abundancia.

El universo quiere que tengas todo lo que quieras tener. La naturaleza es amigable a tus planes. Todo en ella ha sido creado para ti. Convéncete de que esto es verdad y triunfarás.

Es esencial que tu propósito esté en armonía con el propósito de todo. Esto implica que busquemos vivir una vida real, no solo una vida de placer o de gratificación sensual. La vida es el desempeño de funciones con propósito. El individuo realmente vive solo cuando desempeña cada función (física, mental y espiritual) al máximo de su capacidad, evitando los excesos.

No pretendas volverte rico solo para vivir desenfrenadamente y satisfacer tus deseos carnales. Eso no es la vida. Con todo, el desempeño de cada función física es parte de la vida, y nadie vive completamente si niega los impulsos normales y saludables del cuerpo.

No busques enriquecerte solamente para disfrutar de los placeres mentales, adquirir conocimiento, gratificar toda ambición, superar a otros o ser famoso. Todo esto es una parte legítima de la vida, pero la persona que solamente vive para los placeres del intelecto tendrá una vida parcial y nunca estará satisfecha.

No esperes volverte rico solamente para el bien de otros. No es necesario descuidar tu propia vida para experimentar los placeres de la caridad y la misericordia. Los placeres del alma son solo una parte de la vida y no requieren que ignores ninguna de las otras partes.

Logra la independencia financiera que tanto anhelas para poder vivir una vida balanceada; para que puedas alimentar tu cuerpo y tu mente con cosas buenas, cuando sea tiempo para ello; para que te puedas rodear de cosas hermosas y puedas experimentar el placer de visitar tierras lejanas si así lo deseas; y para que ayudes a otros, seas caritativo con los demás y juegues un papel importante en el mundo.

Recuerda que la generosidad extrema no es mejor ni más noble que el egoísmo extremo. Ambos son errores.

Deshazte de la idea de que necesitas vivir una vida de sacrificio y negación personal en pro de los demás porque lo divino así lo quiere. Lo que el universo quiere es que hagas lo más que puedas de ti mismo, para ti mismo y para otros. Tiene sentido, ya que vas a poder ayudar mucho más a otros desarrollando al máximo tus talentos que de cualquier otra manera.

No obstante, recuerda que nada que verdaderamente valga la pena debe ir en detrimento de cualquier otra persona, ya que de la misma manera que el universo desea que tú triunfes, también desea que todos triunfemos. Siempre buscará hacer cosas por ti, pero no se las va a quitar a alguien más para dártelas.

Debes deshacerte del pensamiento de competencia. Tu función es crear, no competir por lo que ya está creado.

No tienes que quitarle nada a nadie. No tienes que engañar o tomar ventaja de nadie. A todo aquel que realice un trabajo para ti, págale lo justo.

No mires la propiedad de otros con ojos de envidia. No hay nada que otros tengan que, si así lo quieres, tú no puedas tener, y sin quitarle a nadie lo suyo.

Debes convertirte en un creador, no en un competidor. Vas a conseguir lo que quieres ayudando a otros a lograr lo que ellos quieren, de manera que, cuando logres lo tuyo, los demás también tendrán más de lo que tienen ahora.

Hay quienes se vuelven muy ricos gracias a sus extraordinarias habilidades competitivas, ignorando los principios anteriores. No obstante, lo cierto es que las riquezas conseguidas de esa manera no siempre son satisfactorias o permanentes. Son tuyas hoy y de alguien más mañana. Nunca debes pensar por un momento en acaparar por miedo a la escasez.

Debes saber que hay gran abundancia de recursos naturales que aún no han sido descubiertos. No juzgues la abundancia basado únicamente en lo que puedes ver. No hay escasez, simplemente falta de visión para distinguir la gran riqueza de todo tipo que nos rodea.

La persona pobre, víctima de una mentalidad de escasez, piensa que los mejores terrenos serán tomados antes de que esté listo para hacer su casa. Nunca te preocupes ni tengas miedo de que perderás lo que tú quieres porque otra persona "te lo va a ganar". Esto es imposible.

Ten presente que no estás buscando nada que sea poseído por nadie más. Estás causando y creando lo que tú quieres. Hay para todos en forma ilimitada. Eres el arquitecto de tu propio destino. Recuerda que la mente tiene la capacidad de producir aquello que es imaginado por el pensamiento.

Una persona puede crear en su pensamiento e impregnarlo con fe, convicción, entusiasmo y decisión para lograr manifestar aquello que piensa.

CÓMO ATRAER LA RIQUEZA HACIA TI

Cuando digo que no es necesario que tomes ventaja de nadie, no me refiero a que no debas ser un buen negociante y buscar las mejores opciones en tu trato con los demás. Me refiero a que no necesitas hacer tratos injustos. No debes buscar conseguir algo por nada, sino, al contrario, siempre debes buscar dar más de lo que recibes. Tu éxito está garantizado.

Quizás no puedas darles a todos más en valor monetario de lo que te dan, pero puedes darles más en otro tipo de valor. Por ejemplo, el papel, la tinta y el trabajo que se emplearon en fabricar este libro puede que no valgan lo que hayas pagado por él, pero, si las ideas sugeridas en él te generan mucho dinero, no has sido engañado por quien te lo vendió, ya que has obtenido un gran valor para tu vida y crecimiento personal a cambio de un pequeño valor monetario.

Cuando pasas del plano competitivo al plano creativo, puedes revisar todas las transacciones que tu negocio realiza y determinar si, con el producto o servicio que vendes a otros, estás agregando más valor a su vida que lo que recibes de ellos a cambio. De ser así, estarás añadiendo a la vida del mundo en cada transacción. Si no es así, estás violando uno de los principios más importantes para la creación de riqueza.

Un empleador debe tomar de sus empleados más en valor de lo que les paga, ya que debe tomar el fruto de su trabajo y después venderlo a un precio mucho mayor que el salario que les paga. No obstante, puede mantenerse fiel a los principios de la riqueza, organizando su empresa de manera que agregue otros valores a la vida de sus empleados. Por ejemplo, basándose en el principio del desarrollo, para que cada empleado que lo desee tenga la oportunidad de avanzar en la empresa.

Puedes lograr que tu negocio haga por tus empleados lo que este libro está haciendo por ti. Puedes conducir tu negocio a que sea como una escalera para que cada empleado que así lo desee y esté dispuesto a pagar el precio, tenga la oportunidad de subir por ella y hacerse rico por sí mismo. Si decide no hacerlo, no ha sido tu decisión, sino la suya.

Y finalmente, es importante aclarar que, cuando digo que la creación física comienza con la creación mental y que todo pensamiento puede producir aquello que imagina, no estoy diciendo que, si deseas un auto y formas su imagen en tu mente, este va a aparecer de la nada frente a tus ojos. Pero, si de verdad lo quieres, mantén una imagen mental clara del auto en tu mente y ten la más segura e incuestionable fe de que este viene hacia ti. Nunca pienses o hables de él de otra manera que no sea con la seguridad de que lo vas a tener. Reclámalo como tuyo.

El poder de tu pensamiento se encargará de crear las circunstancias que establezcan que dicho automóvil será parte de tu vida. De esta manera, puedes tener, no solo este auto, sino cualquier cosa que desees y que represente un avance en tu propia vida y en la de otros.

No dudes en pedir cosas grandiosas. "Es el placer de tu padre regalarte el reino", dijo Jesús. El universo quiere que experimentes una vida de plenitud y tengas todo lo que quieras para vivir en abundancia. Si te convences de que tu destino es vivir una vida de abundancia, tu fe se volverá invencible.

Una vez vi a un niño sentado al piano tratando de sacarle armonía al teclado. Estaba consternado por su falta de habilidad para tocar música. Le pregunté la causa de su angustia y me respondió: "Puedo sentir la música en mí, pero no puedo hacer que mis manos hagan lo correcto". La música en él era la urgencia contenida en todo aquello que desea convertirse en realidad. La música buscaba expresión a través del niño.

El universo está siempre a la búsqueda de personas dispuestas a dar lo mejor de sí mismas. Quiere que ellas sean las encargadas de construir el futuro. Está diciendo: quiero manos para construir magníficas estructuras, tocar hermosas armonías y pintar admirables pinturas. Quiero pies para realizar todas las tareas, ojos para ver mis bellezas, lenguas para decir verdades y cantar canciones maravillosas.

Todo lo que hay de posibilidades está buscando su expresión a través de las personas que acepten el reto de ser la máxima expresión de lo que pueden ser. Por esta razón, quiere que aquellos que tocan música tengan pianos y otros instrumentos y que tengan la manera de cultivar sus talentos a la máxima expresión. Quiere que aquellos que saben apreciar la belleza sean capaces de rodearse de cosas hermosas. Quiere que aquellos que aprecian la verdad tengan la oportunidad de viajar y observar, y que los que aprecien la buena comida puedan comer gustosamente.

Lo divino y supremo quiere todas estas cosas para ti, porque las disfruta y las aprecia, ya que son su creación. Quiere tocar, cantar y disfrutar de la belleza, decir la verdad, vestir finamente y comer bien.

Entonces, no dudes en pedir mucho. Tu parte es concentrarte y expresar ese deseo.

Esto es difícil para muchas personas. Ellos guardan en su interior aún la vieja idea de que la pobreza y estrechez son muestra de humildad. Ven la pobreza como parte del plan, una necesidad de la naturaleza. Tienen la idea de que ya se ha hecho todo cuanto iba a hacer, y que la mayoría de la gente tiene que aceptar su pobreza, porque no hay suficiente para todos. Tan aferrados están a esta equívoca idea, que les avergüenza tan siquiera la posibilidad de pedir riquezas. Tratan de no querer más de lo absolutamente necesario para sobrevivir, algo que les provea las mínimas comodidades.

Recuerdo el caso de un estudiante a quien le dijeron que tenía que poner en su mente una imagen clara de las cosas que deseaba, de manera que el pensamiento de estas comenzasen el proceso creativo. Él era un hombre muy pobre, arrendaba una casa y apenas si lograba cubrir sus gastos y necesidades básicas.

Como te podrás imaginar, le era difícil hacerse a la idea de que todas las riquezas eran de él. Entonces, después de pensarlo, decidió pedir un tapete y un calentador para su casa. Siguiendo las instrucciones de este libro, los consiguió en unos meses.

Así, el hombre se dio cuenta de que había pedido muy poco. Fue a su casa y planeó todas las mejoras que le gustaría hacer. Agregó ventanas y cuartos, construyendo en su mente su casa ideal. Teniendo esa imagen en su cabeza, empezó a vivir de cierta manera y a moverse hacia lo que él quería. Después de un tiempo, comenzó a construir conforme a su imagen mental. Su fe aumentó y hoy se está moviendo hacia cosas mucho más grandes.

A él le fue dado de acuerdo con su fe, y lo mismo sucederá con todos nosotros.

LA GRATITUD

Los ejemplos presentados en el capítulo anterior buscaban dejar claro cuál es el primer paso para hacerse rico: la importancia de formar en nuestra mente una idea clara de lo que deseamos lograr, la necesidad de comunicarla al universo y reclamarla con fe en que sucederá.

Esto es una verdad absoluta. Sin embargo, para que funcione *es necesario desarrollar una relación armoniosa con el universo*. De hecho, para asegurarme de que veas lo trascendental que es construir esta relación armoniosa, tomaré unos momentos para que reflexiones sobre ciertas instrucciones que, si las sigues, con seguridad te van a unir en pensamiento con el poder supremo.

Todo el proceso mental de ajuste y sintonía puede ser resumido en una sola palabra: gratitud.

La falta de gratitud mantiene en la pobreza incluso a aquellas personas que han organizado sus vidas correctamente en todos los otros sentidos. Es fácil entender que, mientras más cerca vivamos al origen de la riqueza, más riqueza debemos recibir. Además, también es fácil comprender que la persona agradecida vive más cerca de esta fuente de riqueza que la que nunca se detiene a agradecer nada.

Entre más agradecidos estemos por todas aquellas cosas buenas que nos llegan, más cosas habremos de recibir y más rápido. La razón es simplemente que la actitud mental de agradecimiento nos acerca a la fuente de dónde vienen las riquezas.

Si para ti es un concepto nuevo el que la gratitud mantiene tu mente en una armonía más cercana con las energías creativas del universo, considéralo con detenimiento y verás que es verdad. Las cosas buenas que tienes han llegado hacia ti obedeciendo ciertas leyes. La gratitud llevará tu mente hacia aquello que origina la riqueza, te mantendrá en armonía cercana con el pensamiento creativo y te advertirá cuando estés a punto de caer en el pensamiento competitivo.

La gratitud en sí misma te puede mantener viendo hacia el todo y prevenirte del error de pensar que el suministro es limitado y que la escasez se aproxima, lo cual sería fatal para tu propósito.

Hay una ley de gratitud y es absolutamente necesario que la sigas si quieres obtener los resultados que esperas. Esta ley es el principio natural que establece que la acción y la reacción son dos fuerzas siempre iguales en magnitud, pero que se mueven en dirección opuesta. En otras palabras, toda acción que salga de ti provocará una reacción igual que se moverá hacia ti.

La gratitud que tu mente exprese por cualquier cosa y hacia cualquier persona no solo llegará a su destino, sino que generará una respuesta instantánea hacia ti. Si tu gratitud es fuerte y constante, la respuesta será fuerte y constante. El movimiento de las cosas será siempre hacia ti. Ten presente una actitud de agradecimiento. No puedes ejercer mucho poder sin gratitud.

Con todo, el valor de la gratitud no solo consiste en que logra conseguirte más cosas en el futuro. Sin gratitud, es imposible experimentar total satisfacción con las cosas como son actualmente.

Si permites que tu mente se sumerja en la desesperación de las angustias asociadas con la vida cotidiana, empiezas a dudar y a perder la firmeza. Fijas tu atención en lo común, en lo ordinario, lo pobre, lo débil y lo malo, y tu mente toma la forma de estos elementos negativos. Como resultado de ello, lo común, lo pobre, lo débil y lo malo se sentirán atraídos hacia ti.

Si le permites a tu mente que se sumerja en lo inferior, te volverás inferior y te rodearás de cosas inferiores. Pero, si te fijas en lo mejor, te rodearás con lo mejor y serás lo mejor.

La mente agradecida siempre se concentra en lo mejor y, por tanto, tiende a convertirse en lo mejor. Toma la forma o el carácter de lo mejor y recibe lo mejor.

También, la fe nace de la gratitud. La mente agradecida siempre espera cosas buenas. Esta esperanza engendra fe. La actitud de gratitud produce fe. Cada vez que agradecemos aumentamos nuestra fe. La persona que no tiene sentimiento de gratitud no puede mantener la fe y, sin ella, no puede prosperar por el método creativo, como veremos en los siguientes capítulos.

Por lo tanto, es necesario cultivar el hábito del agradecimiento por todo lo bueno que ocurre en nuestras vidas y hacerlo continuamente.

PENSANDO DE LA MANERA CORRECTA

Regresa al capítulo seis y lee otra vez la historia del hombre que formó la imagen mental de la casa que deseaba. Allí obtendrás una idea del paso inicial que hay que dar hacia la riqueza. Debes formar una imagen clara y definida de lo que quieres. No puedes transmitir una idea a menos que ya la tengas.

Mucha gente falla porque ellos mismos tienen una imagen vaga de aquello que quieren hacer, tener o ser. No es suficiente tener un deseo borroso de lo que anhelas. Todos tienen ese deseo.

No es suficiente que tengas el deseo de viajar más, ver más, vivir más, etc. Todos tienen esos deseos también. Si vas a mandar un mensaje a un amigo, no le envías las letras del alfabeto para que él descifre o construya el mensaje, ni tampoco le haces llegar palabras del diccionario al azar. Envías una frase coherente que signifique algo específico.

Cuando tratas de imprimir tus deseos en tu mente, recuerda que debe ser por medio de una afirmación clara. Debes saber lo que quieres y ser específico. Nunca vas a lograr triunfar o a echar a andar el poder creativo de tu mente mandando mensajes vagos o imprecisos.

Repasa tus deseos igual que aquel hombre que pensó en su casa. Mira exactamente lo que quieres y consigue una imagen mental clara de cómo lo quieres ver cuando lo tengas.

Debes mantener constantemente esta imagen en tu mente. Así como el marinero tiene la visión del puerto hacia dónde va, también tú debes tener la mirada enfocada en tu meta todo el tiempo, sin permitir que las distracciones o las dudas te hagan apartar tus ojos de ella.

No es necesario realizar complejos ejercicios de concentración, establecer horarios rígidos para afirmaciones, retirarse en silencio o cosas por el estilo. Y no es que lo anterior esté mal, sino que todo lo que necesitas es saber que quieres y desearlo lo suficiente como para que se fije en tu pensamiento.

Visualiza constantemente esta imagen de tus sueños y metas. Nadie necesita esforzarse para concentrar su mente en algo que realmente quiere. Son las cosas que realmente no nos interesan en las que nos es difícil mantener centrada nuestra atención.

A menos que realmente quieras lograr la libertad financiera y que ese deseo sea lo suficientemente fuerte como para enfocar tu manera de pensar en tu propósito, difícilmente valdrá la pena para ti seguir las instrucciones de este libro.

Los métodos explicados aquí son para quienes su deseo de ser financieramente libres es lo suficientemente fuerte como para ayudarlos a romper la inercia, superar la pereza mental y la comodidad, y comenzar a trabajar rápidamente en sus planes.

Entre más clara y definida sea tu imagen, y más pienses en ella, enfocándote en todos sus detalles, más fuerte será tu deseo. Mientras más fuerte sea tu deseo, más fácil podrás tenerlo en tu mente.

Con todo, se necesita algo más que simplemente poder ver la imagen con claridad. Si eso es todo lo que haces, serás un iluso fantaseador y tendrás poco o ningún poder para lograr lo que quieres. Detrás de tu imagen clara, debe encontrarse el propósito y la convicción de realizarla, de convertirla en una expresión tangible.

Detrás de este propósito, debe existir una fe invencible e inquebrantable en que lo que deseas ya es tuyo, que está a tu alcance y que solo necesitas tomar posesión de ello. Se trata de ver tu sueño como si ya fuese una realidad.

Vive en tu nueva casa mentalmente hasta que tome forma alrededor de ti físicamente y sea una realidad.

Disfruta en tu mente de las cosas que quieres. Celebra por anticipado tu éxito. "Cualquier cosa que tú pidas con fe, si crees que la vas a recibir, la tendrás", dicen las Sagradas escrituras.

Observa las cosas que quieres como si estuvieran a tu alrededor. Visualízate teniéndolas y usándolas. Haz uso de estas en tu imaginación, igual que como las vas a usar cuando sean tuyas. Sumérgete en tu imagen mental hasta que la puedas ver con total claridad tan solo con cerrar los ojos, y después toma la actitud de posesión de ese sueño. Reclámalo como tuyo. Toma posesión de él en tu mente, con la completa fe de que es tuyo. Entrégate a esta posesión mental. No dudes ni por un instante de su realidad.

Vive en la casa nueva, ayuda a las causas benéficas en las cuales crees, maneja el auto que deseas, observa a tus hijos recibiendo la educación que merecen, viaja a donde siempre has querido viajar. Haz todo esto en tu mente y con confianza planea más cosas. Piensa y habla de todo aquello que has pedido como si fuera tuyo. Imagina un ambiente y una condición financiera exactamente como las quieres, y vive todo el tiempo en ese ambiente mental y condición financiera hasta que se conviertan en realidad.

No hagas este ejercicio como quien construye castillos en el aire. Abraza la fe de que lo que imaginas se está realizando y mantente firme en el propósito de que se va a realizar. Recuerda que es fe y propósito en el uso de lo que has visualizado lo que establece la diferencia entre el soñador con intención y el iluso.

No olvides lo que ya mencionamos sobre la gratitud: sé agradecido desde un comienzo de la misma manera en que esperas serlo cuando dicho sueño sea una realidad. La persona que sinceramente puede agradecer por las cosas que solo posee en la imaginación tiene una fe verdadera. Será rico. Causará la creación de todo lo que quiera.

Tu parte es formular inteligentemente tu deseo por aquellas cosas que hacen una vida más completa y después imprimir todo este deseo en tu mente. Tu fe y tu voluntad para trabajar por dicha meta se encargarán del resto. "Cree y recibirás".

Sin embargo, la respuesta a tus oraciones no es según tu fe mientras hablas, sino de acuerdo con tu fe mientras actúas.

No puedes impregnar la mente de lo superior teniendo un retiro especial y después olvidando el asunto por una semana. No lo vas a lograrlo teniendo horas especiales de oración si después olvidas tus promesas y no haces nada de lo que te has comprometido a hacer.

La oración te permite clarificar tu visión y reforzar tu fe, pero de nada sirve si no está acompañada por el propósito y la determinación de actuar. Habiendo aprendido este hecho, es aquí donde debes aprender el uso correcto de la voluntad.

LA VOLUNTAD

Lograr la libertad financiera no requiere aplicar tu poder en nada que esté fuera de ti. Todo lo que necesitas es trabajar en ti mismo, en tu interior.

Es incorrecto aplicar tu voluntad a otras personas con la intención de que hagan lo que tú quieres. Es tan errado tratar de forzar a la gente con el poder mental como lo es hacerlo por la fuerza física.

Obligar a la gente por la fuerza física es sinónimo de esclavitud. El forzarlos con la fuerza mental logra exactamente lo mismo. La única diferencia está en el método utilizado. Tomar lo que le pertenece a otro por medio de la fuerza física es robo, quitárselo por medio de la fuerza mental también es robar. No hay diferencia alguna.

De la misma manera, es imposible motivar a otros a hacer algo, ya que la verdadera motivación debe salir del interior de cada persona y es algo individual. Muchas veces creemos que estamos actuando "por su propio bien", pero lo cierto es que la decisión de triunfar, ser feliz y hacerse rico es una decisión personal.

No puedes forzar a nadie a querer lograr estas metas. En la mayoría de los casos, cualquier intento de usar tu voluntad para lograr que otros triunfen solo conseguirá desviarte de alcanzar tu propio propósito. Más que tu voluntad, lo que puede ayudarlos a ellos a tomar sus propias decisiones es tu ejemplo.

Tampoco necesitas aplicar tu voluntad a las cosas para que vengan hacia ti. No tienes que convencer al universo para que te dé cosas buenas más de lo que tienes que usar tu voluntad para hacer que salga el sol. Recuerda que la vida está más ansiosa de darte lo que quieres de lo que tú estás de recibirlo. Lo único que necesitas hacer es usar tu poder de voluntad contigo mismo.

Usa tu voluntad para hacer y pensar lo correcto. Ese es el uso legítimo de la voluntad en conseguir lo que quieras (úsalo en ti mismo para mantenerte en el camino correcto).

Usa tu voluntad para pensar y actuar de la manera correcta. Usa tu mente para formar una imagen mental de lo que quieres y defender esa visión con fe y propósito.

Usa tu voluntad para mantener tu mente trabajando en el camino correcto.

Entre más estable y continua sea tu fe y propósito, más rápido triunfarás. La imagen de tus deseos, vista con fe y propósito, es lanzada al universo. Mientras se expande, todas las cosas se mueven para su realización. El universo entero conspirará para que triunfes. Cada cosa viviente o inanimada se moverá para hacer realidad aquello que deseas. Todas las fuerzas se canalizarán en esa dirección. Todo se empezará a mover hacia ti. Las mentes de las personas en todos lados serán influenciadas para hacer las cosas necesarias para satisfacer tus deseos y trabajarán para ti inconscientemente.

Puedes comprobar este principio de una manera muy simple: imprime un pensamiento negativo en tu mente y observa lo que sucede. La duda o falta de fe seguramente harán que lo que buscas comience a alejarse de ti con la misma certeza con la que la fe hace que las cosas lleguen a ti. El no entender esto es lo que hace que mucha gente fracase para lograr sus objetivos.

Cada hora o momento que pasas con tus dudas o miedos, cada momento que te preocupas, cada instante que la falta de fe se apodera de ti, hace que se inicie un movimiento en dirección contraria a ti de las cosas que deseas.

Como la fe es tan importante, es primordial que cuides tus pensamientos, porque tus creencias serán moldeadas en gran medida por lo que observas y piensas. Es vital que controles a qué le prestas tu atención y lo que permites entrar en tu mente. Es aquí donde tiene gran uso tu voluntad, porque es ella la que determina que cosas van a llamar tu atención y que cosas vas a permitir que encuentren cabida en tu mente.

Si quieres vivir una vida de riqueza, no debes estudiar la pobreza.

Tus deseos no se hacen realidad pensando en sus opuestos. La salud no se consigue estudiando la enfermedad o pensando y concentrándote en la enfermedad. Lo correcto no se promueve estudiando lo errado o albergando pensamientos nocivos en tu mente. Nadie se ha hecho rico estudiando la miseria o pensando en la escasez.

No hables de la pobreza, no la investigues, no te ocupes de ella ni te intereses en cuáles son sus causas. No tienes nada que ver con eso. Lo que te debe importar es la cura. Pon la pobreza y todo lo que se le relacione atrás de ti y haz el bien.

No malgastes tu tiempo pensando en las terribles consecuencias de la pobreza. Inviértelo en lograr tu independencia financiera. Esa es la mejor manera en que puedes combatir la pobreza. Así, estarás en mejor posición de ayudar a los pobres.

No puedes mantener en tu mente la imagen de lo que quieres si llenas tu cabeza de escasez y de todos los males asociados con ella. No leas libros o periódicos que tiendan a concentrarse en la indigencia y miseria reinante. No leas o veas nada que atiborre tu mente con imágenes de penuria o sufrimiento.

No puedes ayudar en lo más mínimo a los pobres mirando estas cosas. El bombardear tu cerebro continuamente con esto no contribuirá a eliminar la pobreza.

Desterrar la pobreza de la vida de una persona comienza con ayudarla a que alimente su mente con imágenes de riqueza, de abundancia y con posibilidades.

No estás abandonando a los pobres en su miseria cuando te rehúsas a llenar tu cabeza con imágenes de escasez.

La pobreza no se va a arreglar incrementando el número de gente rica que piensa en la pobreza, sino incrementando el número de gente pobre que haga un espacio en su mente para pensamientos de riqueza y tenga el propósito y la fe para hacerse autosuficiente.

Los pobres no necesitan compasión, necesitan inspiración. La compasión solo les manda un pedazo de pan para mantenerlos vivos en su miseria o les da un entretenimiento para que se olviden por una o dos horas de su condición. La inspiración puede lograr que se levanten y salgan de su miseria. Si quieres ayudar a los pobres, demuéstrales que pueden hacerse ricos. Demuéstraselos haciéndote rico tú.

La única manera en que la pobreza será erradicada de este mundo es consiguiendo que un gran número de personas adopte los principios de abundancia que hemos mencionado.

La gente debe aprender que la manera de triunfar es creando, no compitiendo. Quien logra la riqueza por competencia destruye la escalera por la cual subió y cierra el camino para que otros suban. Quien triunfa creando, abre la puerta para que miles puedan entrar por ella (y los inspira a hacerlo).

No estás demostrando dureza de corazón o falta de caridad cuando te niegas a tenerle lástima a la pobreza, a ver la pobreza, a leer o escuchar de la pobreza o a pensar en ella. Usa tu voluntad para mantener tu cabeza lejos de la pobreza y enfocada con fe y propósito en la visión de lo que quieres y vas a crear.

CÓMO UTILIZAR EL EXTRAORDINARIO PODER DE LA VOLUNTAD

No puedes tener una visión clara y verdadera de la riqueza si constantemente pones tu atención en cosas opuestas a dicha visión. Es imposible triunfar si actúas de manera contraria a los principios del éxito.

No hables de los problemas financieros pasados si los has tenido. No te sumerjas en ellos ni comentes sobre la pobreza de tus padres o de las dificultades de tu niñez. Hacer cualquiera de estas cosas es clasificarte como pobre por ese momento y seguramente esta actitud detendrá el flujo de riqueza hacia ti. Pon la pobreza y todas las cosas que se relacionan con ella completamente fuera de ti.

No leas libros que te dicen que el mundo está cada vez peor. Evita los escritos e ideas de aquellos filósofos o pensadores cínicos y pesimistas que dicen que todo se ha ido a la perdición y que todo tiempo pasado fue mejor. *El mundo es hermoso y el futuro está lleno de oportunidades y abundancia.*

Es verdad, puede haber muchas condiciones actuales que no son agradables, pero ya pasarán, así que, ¿cuál es la ventaja de estudiarlas? Entre más nos enfoquemos en ellas, más detenemos el proceso para que llegue el éxito a nosotros. ¿Por qué malgastar tiempo y atención en cosas que van a desaparecer cuando te puedes enfocar en las cosas que se están desarrollando?

Piensa en las riquezas de las que se está llenando el mundo más que en la pobreza de la cual está saliendo, y entiende que la única manera en que puedes ayudar al mundo a que sea más rico es volviéndote rico tú de una manera creativa, agregando valor al mundo.

Pon tu atención por completo en pensar de manera abundante. Cuando pienses o hables de aquellos que aún no han logrado la libertad financiera, refiérete a ellos como personas que están en proceso de volverse ricos, como quienes tienen que ser felicitados más que tenerles lástima. Entonces ellos y otros atraparán esta inspiración y buscarán una salida a sus problemas.

Todo lo que es posible en el camino del desarrollo viene a través de una mentalidad de riqueza. Alguna gente se mantiene en la pobreza porque ignora que hay riqueza para ellos y esto puede ser mejor enseñado con tu ejemplo que con tus sermones.

Otros son pobres porque, aunque saben que hay una salida, son demasiado perezosos mentalmente para hacer el esfuerzo necesario de encontrar la salida y seguirla. Para ellos, lo mejor que puedes hacer es demostrarles la libertad y autonomía que viene cuando se logra la autosuficiencia financiera.

Otros son pobres porque, aunque tienen un conocimiento de este patrón de vida, están tan confundidos entre tantas teorías que conocen, que no saben qué camino tomar. Intentan una mezcla de varios sistemas y fracasan en todos. Para ellos también, lo mejor es demostrarles con tu ejemplo y práctica. Una onza de acción vale por una libra de teoría.

Lo mejor que puedes hacer por todo el mundo es hacer lo más que puedas por ti mismo, utilizando al máximo el potencial y los dones de los cuales has sido dotado.

Para esto, es importante que leas estos principios todos los días. Apréndetelos hasta que logres convertirlos en hábitos. Si no lo haces, si no eres constante, empezarás a tener dudas y no estarás seguro en tu pensamiento. Entonces, empezarás a fallar.

De igual manera, limita tu lectura a aquellos temas que están en armonía con tu autoimagen, tus metas y con los principios de éxito que deseas que guíen tu vida.

Una vez que hayas desarrollado el hábito de alimentar tu mente únicamente con aquello que contribuya a desarrollar una mentalidad de abundancia, el siguiente paso es vivir y actuar de esa manera.

ACTUANDO DE LA MANERA CORRECTA

Nuestra manera de pensar y nuestros pensamientos son la fuerza que hace que el poder creativo actúe. Pensar de la manera correcta te traerá riquezas, pero no debes confiar en el pensamiento solamente, sin prestar atención al comportamiento. Ese es el muro contra el cual chocan muchos pensadores y filósofos (la incapacidad para conectar el pensamiento con la acción).

No hemos alcanzado el grado de desarrollo, suponiendo que sea posible, en el cual la persona pueda crear directamente la realidad que desea sin tener que actuar. Una persona no puede limitarse a pensar, sus acciones personales deben complementar su pensamiento.

Tu manera de pensar te puede mostrar cómo extraer y utilizar el oro que se encuentra enterrado en las montañas. Sin embargo, tu poder mental no logrará que se extraiga solo, se refine, se acuñe en monedas y ruede hacia tu bolsillo.

Tu pensamiento puede hacer que el universo trabaje para proveerte lo que deseas, pero tu actividad personal debe ser tal que recibas justamente lo que quieres cuando llegue hacia ti. No lo vas a recibir de caridad ni te llegará sin hacer nada.

El uso perfecto del pensamiento consiste en formar una imagen clara y detallada de lo que quieres, en abrazar tu propósito de obtenerlo, y en agradecer con fe que lo estás consiguiendo.

No trates de "proyectar" tu pensamiento de ninguna manera oculta o misteriosa con la idea de que vaya a hacer cosas por ti sin tu esfuerzo personal. Este es un esfuerzo desperdiciado y debilitará tu poder de pensar bien.

Tu trabajo no puede limitarse a supervisar el proceso creativo. Tienes que mantener tu visión, apegarte a tu propósito, mantener tu fe y gratitud. Luego, debes actuar de manera consistente con tus planes.

Cuando las cosas te llegan, vendrán de las manos de otros, quienes requerirán algo equivalente a cambio. Solo podrás tener lo que es tuyo dándole a los demás lo que les pertenece.

El albergar pensamientos de riqueza no hará que, por arte de magia, tu cartera se transforme en una fuente infinita de dinero sin esfuerzo de tu parte. Este es un punto crucial en el camino a la riqueza. Es aquí donde el pensamiento y la acción personal se unen. Hay mucha gente que, consciente o inconscientemente, pone a actuar las fuerzas creativas mediante la fuerza y la persistencia de sus deseos, pero permanecen pobres porque no actúan decididamente para lograr que sus ideas se materialicen.

El pensamiento correcto atrae hacia ti aquello que deseas. La acción hace que puedas recibirlo. Sin acción, las oportunidades que buscabas pueden pasar frente a ti sin que las veas. Si es así, de nada te sirvió atraérlas a ti mediante el uso del pensamiento correcto.

Cualquiera que sea la acción que debes realizar para empezar a moverte hacia la realización de tus metas, es evidente que debes actuar de inmediato. No puedes actuar en el pasado. Es esencial para la claridad de tu visión que evites vivir en el pasado. No puedes actuar en el futuro, porque el futuro no está aún aquí. Y no puedes saber cómo vas a actuar frente a una eventualidad hasta que esta llegue.

El que no te encuentres en el momento o circunstancia óptima ahora no quiere decir que debas posponer la acción hasta que tales circunstancias se den. No malgastes tu presente pensando en cómo reaccionarás ante futuros eventos. Ten fe en tu habilidad de manejar cualquier emergencia cuando llegue.

Si actúas en el presente con tu mente en el futuro, tu acción actual será el producto de una mente dividida y no será efectiva. Planea para el futuro, pero pon toda tu mente en la acción presente.

No instruyas tu subconsciente con lo que deseas lograr para sentarte luego a esperar resultados. Si lo haces, nunca los obtendrás. Actúa ahora. No hay otro tiempo más que el ahora, y no habrá otro tiempo más que el ahora. Si has decidido empezar a trabajar para recibir lo que quieres, no hay mejor momento que empezar ahora.

Empieza donde estás hoy, en tus circunstancias presentes. Empieza con la persona que eres en este momento. No puedes empezar desde donde no estás ni desde donde has estado. No puedes actuar donde vas a estar. Solo puedes actuar empezando donde estás.

No te preocupes de si el trabajo de ayer estuvo bien o mal hecho, haz bien el trabajo de hoy. No trates de hacer el trabajo de mañana hoy, ya habrá suficiente tiempo para hacerlo en su momento. No esperes por un cambio en tu entorno o en tus circunstancias personales antes de actuar. Propicia el cambio en tu entorno con tus acciones. Puedes actuar en tu entorno presente para propiciar un mejor entorno.

Abraza con fe y propósito la visión de ti mismo en un mejor ambiente, pero actúa en tu ambiente actual con todo tu corazón, con toda tu fuerza y con toda tu mente. No desperdicies tu tiempo fantaseando. Piensa en la visión de lo que quieres y actúa ya mismo.

No busques algo totalmente nuevo que hacer o algo inusual como tu primer paso en el camino a lograr la riqueza. Es muy probable que tus acciones, al menos por un tiempo, sean las mismas que has venido realizando hasta ahora. Si te encuentras en un negocio o profesión y sientes que no es lo tuyo, o si tu negocio no está en el nivel que deseas, no esperes a estar en el negocio o nivel correcto para empezar a actuar. No esperes a cambiar de profesión o trabajo antes de comenzar a pensar y actuar de una manera consistente con los principios de éxito que has aprendido. ¡Actúa!

No te desanimes ni te sientes a lamentarte porque crees que no estás haciendo lo que quieres. Visualízate estando en el negocio correcto o visualiza tu negocio en el nivel que deseas verlo con el propósito de desempeñarte pronto en él y la fe de que vas a estar allí, pero actúa ya, en el presente. Tu visión del negocio correcto, mantenida con fe y propósito, hará que el negocio correcto se mueva hacia ti. Tu acción, si es ejecutada de la manera correcta, hará que tú te dirijas hacia el negocio correcto.

Si eres un empleado o un obrero y sientes que debes cambiar de lugar para obtener lo que quieres, no "proyectes" tu pensamiento en el espacio esperando que te consiga un mejor trabajo. Probablemente fracases en hacerlo.

Mantén en tu mente la visión de lo que deseas hacer y actúa con fe y propósito en el trabajo que tienes mientras piensas en el trabajo o negocio ideal y actúas para hacer que se convierta en realidad.

Tu visión y tu fe moverán las fuerzas creativas hacia ti. Tus acciones harán que las fuerzas a tu alrededor te dirijan hacia el negocio que quieres.

LA ACCIÓN EFICAZ

Solo puedes avanzar en la vida siendo mucho más grande que tus circunstancias presentes y tu estado actual. En general, el mundo avanza gracias a aquellos que trabajan con mayor efectividad y autonomía en todo lo que hacen y responden a sus labores a cabalidad.

El progreso del mundo se retrasa debido a aquellos que no hacen su parte a cabalidad en su trabajo actual. Tienes que ser más grande que cualquier labor. La sociedad no podría avanzar si todos nos desempeñáramos por debajo de nuestro propio potencial o nos conformáramos con responder a las demandas mínimas de nuestros trabajos.

Cada día es un día de éxito o un día de fracaso, y son los días exitosos los que te ayudan a conseguir lo que quieres. Si cada día es un fracaso, no te puedes volver rico. Si cada día es un éxito, no puedes evitar vivir una vida de riqueza.

Si hay algo que se puede hacer ahora y no lo haces, has fallado en cuanto a eso se refiere, y las consecuencias pueden ser más desastrosas de lo que imaginas. El no trabajar diligentemente en lo que sabes que debes hacer (grande o pequeño) evitará que puedas ver los resultados de tus actos. No te percatarás de las fuerzas que se están moviendo hacia ti. Muchas cosas pueden depender de realizar una simple acción, y ese pequeño acto puede ser lo que te abra la puerta de las oportunidades. Sin embargo, no lo sabrás si no encaras cada día con la actitud de hacer todo lo que puedas hacer de la mejor manera posible.

Sin embargo, existe una limitante en lo que acabo de mencionar que debes considerar. No debes trabajar en exceso o apurarte ciegamente en el esfuerzo de hacer la mayor cantidad de cosas en el menor tiempo posible.

No se trata de que quieras hacer el trabajo de mañana hoy o hacer el trabajo de una semana en un día. Lo que cuenta en realidad no es el número de cosas que hagas, sino la efectividad de cada cosa que hagas.

Cada acto, en sí mismo, es un éxito o un fracaso. Cada acto es efectivo y eficiente o inefectivo e ineficiente.

Cada acto ineficiente es un fracaso. Si te pasas la vida realizando actos ineficientes, tu vida será un fracaso. Mientras más actos de estos realices, será peor para ti. Recuerda que la vida es la sumatoria de todos tus actos.

Por otro lado, cada acto efectivo es un éxito. Si cada acto de tu vida es un acto efectivo, tu vida será un éxito. La causa del fracaso es hacer demasiadas cosas de una manera ineficiente y no hacer suficientes cosas de una manera efectiva.

Verás que es una verdad evidente que, si no realizas acciones ineficientes y haces suficientes acciones eficientes, te volverás una persona exitosa. Es matemático, tu éxito es la suma de todas las acciones efectivas que realices.

Lo importante es ver si puedes lograr que cada acto sea un éxito. Y la respuesta es un rotundo sí. Cada acción es un acto fuerte o débil. Cada acto te fortalece o te debilita. Cuando cada acción es fuerte, estás actuando de una manera consistente con los principios de la abundancia y la riqueza. La fortaleza y eficiencia de cada actividad se logra manteniendo una visión enfocada mientras la realizas y poniendo todo el poder de tu fe y propósito en ello.

Es en este punto en donde fracasan aquellos que separan la parte mental de la acción personal decidida. Ellos usan el poder de la mente en un lugar y en un momento, pero no actúan, y después actúan en otro lugar y momento sin utilizar el poder de su mente. Por esta razón, sus actos no son exitosos en sí, sino ineficientes e improductivos. Pero, si todo el poder (mental y de acción) se aplica a cada actividad, no importa qué tan trivial sea, cada acto será un éxito en sí mismo. Puesto que la naturaleza de las cosas es que cada éxito conduzca a un nuevo éxito, tu progreso hacia lo que quieres se volverá más rápido.

Recuerda que la acción exitosa es acumulativa en sus resultados. Cuando una persona se empieza a mover hacia una vida de abundancia, comienza a experimentar más éxitos, atrae más riqueza, y se multiplica la influencia de su deseo.

Haz, cada día, todo lo que puedas hacer ese día. Da el 100% de ti y realiza cada actividad de la manera más efectiva posible.

Al decir que debes mantenerte enfocado en tu visión mientras realizas cada actividad, sin importar que tan trivial sea, no me refiero a que sea necesario que debas pensar hasta en el más mínimo detalle de tu plan de éxito todo el tiempo. Sin embargo, debes emplear suficiente tiempo afinando los detalles de tu visión hasta que estén fijos en tu memoria.

Esta visualización continua logrará ayudarte a crear esa imagen clara de lo que quieres (hasta sus mínimos detalles) tan firmemente fija en tu mente, que en tus horas de trabajo solo necesitas referirte a dicha imagen mental para estimular tu fe y lograr realizar tu mejor esfuerzo en la actividad que tengas frente a ti.

En tus horas libres, visualiza la imagen mental que has creado de tus metas. Hazlo hasta que tu conciencia esté tan llena de ella que la puedas ver al instante. Te volverás tan entusiasta con esto, que el solo pensamiento de lo que deseas logrará crear en ti un alto grado de motivación y te ayudará a obtener las mayores energías de ti mismo.

EL NEGOCIO IDEAL

El éxito en cada negocio específico depende de que poseas las facultades requeridas para ese negocio. Ahora bien, no debemos ser demasiado rápidos en aceptar que no contamos con dichas facultades.

Si bien es cierto que, sin buenas facultades musicales, nadie puede ser exitoso como intérprete, o sin las facultades físicas para triunfar en los deportes nadie puede aspirar a ganar una medalla de oro en una competencia olímpica, la gran mayoría de los seres humanos poseen cualidades de las cuales ni ellos mismos son conscientes.

De otro lado, el poseer las facultades requeridas en tu vocación no asegura que lograrás el éxito y la riqueza. Hay músicos que tienen bastante talento y que permanecen pobres. Hay carpinteros y mecánicos que tienen grandes capacidades técnicas, pero que no se hacen ricos. Hay comerciantes con buenas facultades para tratar con la gente y, sin embargo, fracasan.

La razón es sencilla, las diferentes facultades son herramientas. Es esencial tener buenas herramientas, pero también es esencial que estas se usen de la manera correcta y en el trabajo adecuado.

Una persona puede tomar la mejor sierra, una escuadra, un buen plano y construir un bonito mueble. Otra puede tomar las mismas herramientas y ponerse a duplicar el artículo, pero obtener un trabajo mediocre, todo como resultado de no saber cómo usar las herramientas de la manera apropiada.

Las diversas facultades de tu mente son las herramientas con las que debes hacer el trabajo para lograr la riqueza. Entonces, será más fácil para ti ser exitoso si entras a un negocio para el cual estés bien preparado con las facultades indicadas.

Generalmente, te irá mejor en un negocio en el que uses tus facultades más fuertes (para el cual estás naturalmente "mejor preparado"). Pero, nadie debe considerar su vocación como que ya está definida debido a las aptitudes con que ha nacido. Puedes hacerte rico en cualquier negocio, puesto que, si no tienes el talento adecuado, puedes desarrollarlo. Simplemente significa que tendrás que desarrollar tus herramientas en el camino. El líder aprende a dirigir dirigiendo.

Se podría argumentar que lo más fácil para cualquier persona sería triunfar en una vocación para la cual ya tiene los talentos y habilidades bien desarrollados, pero lo cierto es que nadie nace con sus talentos totalmente desarrollados. Desarrollar tus habilidades al máximo requiere tiempo, dedicación, disciplina y, sobre todo, acción. Puedes triunfar en cualquier vocación para la cual desarrolles el talento necesario. La buena noticia es que no hay ningún talento que no tengas desarrollado por lo menos al nivel más básico.

Es indudable que te harás rico más fácilmente, en términos de esfuerzo, si haces aquello para lo cual estás mejor dotado. Sin embargo, será mucho más satisfactorio el lograrlo haciendo lo que quieres hacer, así esto requiera más esfuerzo de tu parte y un mayor trabajo en el desarrollo de tus talentos y habilidades.

Hacer lo que tú quieres hacer es vivir. No hay verdadera satisfacción en la vida al estar haciendo algo que no queremos y nunca hacer lo que realmente queremos hacer. Lo cierto es que todos podemos hacer cualquier cosa que nos propongamos hacer. El que exista en nuestra mente y nuestro corazón el deseo de hacerlo es la prueba de que, dentro de nosotros, se encuentra el poder y la capacidad para lograrlo.

El deseo es una manifestación de poder.

Si dentro de ti se encuentra el deseo de tocar música, ese poder buscará expresarse y te permitirá desarrollar el talento que, en mayor o menor grado, ya reside dentro de ti. De igual manera, el deseo de crear nuevas empresas y negocios es el talento emprendedor buscando expresión y desarrollo.

Donde no hay poder, ya sea desarrollado o sin desarrollar, para hacer algo, no existe el deseo para hacerlo. Sin embargo, cuando hay un gran deseo de hacer algo, es una prueba de que el poder para hacerlo ya existe dentro de ti y solo requiere ser desarrollado y aplicado de la manera correcta.

De cualquier manera, para lograr la riqueza, lo más efectivo es buscar un negocio en el cual estés trabajando para ti mismo, desarrollando los talentos y las habilidades para realizarlo de la manera más eficiente y haciendo de él tu gran meta.

Puedes hacer lo que quieres hacer, y es tu derecho y privilegio seguir el negocio o la vocación que te sea más natural y satisfactoria. No estás obligado a hacer lo que no quieras, a menos que sea de manera temporal, mientras logras llegar a donde deseas.

Si en el pasado hubo situaciones o circunstancias que te pusieron en un trabajo que no deseas o en un ambiente inadecuado, puede que, por un tiempo, tengas que hacer lo que no quieres hacer. Aun así, puedes hacerlo con placer, si sabes que es algo temporal, y que al mismo tiempo estás trabajando en tu plan para hacer lo que verdaderamente quieres.

Si esta es tu situación, no te desesperes ni te precipites. La mejor manera de lograr la transición del trabajo presente al negocio que quieres es mediante el crecimiento y la preparación continua y constante.

No obstante, no tengas miedo de realizar un cambio repentino y radical si la oportunidad llegase a presentarse.

Asegúrate de que es la oportunidad correcta y actúa. Nunca actúes súbitamente cuando tengas dudas. Nunca hay necesidad de apurarse en el plano creativo, ya que no hay escasez de oportunidades.

Cuando sales de la manera de pensar competitiva, vas a entender que nunca necesitas actuar de forma apurada. Nadie te va a ganar en llegar a aquello que quieres hacer. Hay suficiente para todos. Si un espacio es tomado, uno mejor se abrirá para ti después. Cuando tengas dudas, espera. Visualiza en tu mente las metas y sueños que deseas lograr, incrementa tu fe y propósito, mantén una actitud de gratitud, y esto te ayudará a decidir cuál es la mejor decisión que hay que tomar. Sin embargo, no permitas que las dudas infundadas de detengan y te paralicen.

Los errores vienen de actuar apresuradamente sin tener claridad de propósito o de actuar con miedo o duda, olvidándose del motivo correcto, que debe ser más vida para todos y menos para ninguno.

Mientras avances de manera correcta por la vida, las oportunidades se multiplicarán, y necesitarás ser muy estable en tu fe y propósito. Nunca olvides que, sobre todas las cosas, deberás mantener siempre un espíritu de gratitud.

Haz todo lo que puedas de la manera correcta cada día, pero hazlo sin apurarte, sin preocuparte y sin miedo. Ve lo más rápido que puedas, pero sin prisa.

Recuerda que, en el momento en que empiezas a apurarte, ya no eres un creador y te vuelves un competidor. Retrocedes al plano competitivo.

Cada vez que te sientas apurado, tómate tu tiempo. Fija tu atención en la imagen mental de lo que quieres y empieza a dar gracias de que ya lo estás obteniendo. El ejercicio de gratitud nunca fallará en reforzar tu fe y renovar tu propósito.

LA IDEA DEL MEJORAMIENTO CONTINUO

Puedes empezar el negocio que quieras haciendo un uso constructivo del negocio o trabajo en el cual te encuentras ahora. Esto implica realizar las actividades de tu trabajo actual de la manera explicada aquí.

Si tu negocio requiere el trato con otras personas, mantén siempre claro que tu objetivo más importante debe ser ayudarlos a enfocarse en la idea del mejoramiento en sus vidas.

Mejoramiento es lo que todos los seres humanos buscan. Mejorar implica crecer, incrementar, avanzar y desarrollarse. El mejoramiento es el impulso fundamental del universo. Todas las actividades humanas están basadas en el deseo de mejorar. La gente no necesariamente está buscando más comida, más ropa, mejor resguardo, más lujos, más sabiduría o más placeres. Lo que buscamos es más vida. Deseamos vivir a plenitud. Nuestro deseo es mejorar nuestra calidad de vida.

Cada ser viviente opera bajo esta necesidad de avance continuo. Cuando el incremento de vida se detiene, la disolución y la muerte se establecen.

El hombre instintivamente sabe esto y, por lo tanto, siempre está buscando crecer y desarrollarse. Esta ley de perpetuo incremento se describe perfectamente en la parábola de los talentos: a quienes producen más con lo que se les ha dado, más les será dado. A quienes no lo hagan, les será quitado incluso lo que tienen.

El deseo normal por el incremento de la riqueza no es un pecado o una actitud reprochable. Es simplemente el deseo de una vida más abundante. Es aspirar a más.

Al seguir el camino indicado y actuar de la manera correcta, estás recibiendo mejoramiento continuo para ti mismo, y se lo das a todos aquellos con los que tratas. Tú eres el centro creativo por cual el mejoramiento y la abundancia son dados a los demás.

Ten la plena seguridad de esto y busca compartir este mensaje con cada hombre, mujer y niño con quien trates. No importa qué tan pequeña sea la transacción que te ha puesto en contacto con esa persona (aunque sea solo la venta de un dulce a un niño pequeño) aprovecha la ocasión para transmitirle el pensamiento de aumento, y asegúrate de que el cliente queda saturado con dicho pensamiento.

Impregna esta idea de mejoramiento y avance a todo lo que hagas para que la gente reciba la impresión de que eres una persona de avanzada y que traes prosperidad a todos los que negocian contigo. Incluso a la gente que conoces en el ámbito social, transfiéreles el pensamiento de incremento.

Puedes implementar esta impresión manteniendo la inquebrantable fe que tú mismo estás en el camino del mejoramiento y el incremento, y al dejar que esta fe te inspire, llene y se filtre en cada acción.

Haz todo lo que hagas con la firme convicción de que eres una persona de avanzada y de que eres un vehículo mediante el cual los demás mejoran. Siente que te estás enriqueciendo y que, al marchar por el camino a la riqueza, estás enriqueciendo a otros y proporcionándole beneficios a todos.

No presumas, hagas alarde de tus éxitos o hables de ellos innecesariamente. La verdadera fe no es presumida. Cuando encuentras a alguien que presume, es alguien que secretamente tiene dudas y miedo.

Simplemente siente la fe y déjala trabajar en cada transacción en la que estés involucrado. Deja que cada acto, palabra y mirada exprese la serena seguridad de que estás creciendo y triunfando cada vez más. Otras personas apreciarán la sensación de incremento cuando estén en tu presencia y se sentirán atraídos hacia ti.

Al contagiar a otros con la idea del mejoramiento, ellos sentirán que, al asociarse contigo, obtendrán incremento para ellos mismos. Asegúrate de hacerlo con sinceridad y ser siempre honesto en el trato con los demás. Siéntete orgulloso de ser un instrumento de cambio en la vida de otros y deja que todos lo sepan, y no te faltarán amigos, clientes o personas que quieran retribuirte por lo que les has dado.

La gente gravita hacia donde sienten que obtendrán mejoramiento e incremento. El universo moverá hacia ti personas que nunca habían oído hablar de ti. Tu vida se enriquecerá aún más, tu negocio prosperará, obtendrás más grandes ventajas, todo como resultado de ser duplicador de esta idea de mejoramiento.

Pero, al hacer esto, no debes perder de vista tu imagen de lo que quieres y tu fe y propósito de que lo estás consiguiendo.

Permíteme ofrecerte una palabra de precaución en cuanto a motivos se refiere: Evita caer en la tentación de sentir que tienes poder sobre otras personas.

Nada es más tentador para la mente en proceso de formación que el sentir que tiene poder o dominio sobre otros. Este deseo puede llegar a convertirse en una maldición. Por siglos, reyes y dictadores han bañado el mundo con sangre en sus batallas por extender sus dominios (no para conseguir más vida para todos, sino más poder para sí mismos).

Hoy aún sucede lo mismo. Muchas personas envían sus ejércitos de dinero, fama y poder en su falsa pretensión de cautivar al mundo, y dejan desperdiciadas las vidas y corazones de millones en la misma lucha de poder.

Cuídate de la tentación de buscar poderío y soberanía sobre otros. Evita a toda costa volverte un ídolo o querer ser considerado como alguien que está por arriba de los demás. Cuando sucumbes ante esta tentación, dejas de ser un instrumento de cambio y paras de mejorar e incrementar la vida de otros y la tuya.

La mente que busca control sobre las demás personas es la mente competitiva, no la mente creativa.

Para poder controlar tu entorno y tu destino, no es necesario que gobiernes sobre los demás. Sin duda, cuando caigas en la lucha común por los lugares más altos, empiezas a ser guiado por el destino y las circunstancias, y el lograr la riqueza se convierte en cuestión de suerte y especulación.

¡Mantente alerta ante la presencia de la mente competitiva! No hay mejor frase sobre el principio de la acción creativa que la "regla de oro" de Jones de Toledo: "Lo que quiero para mí, lo quiero para todos".

LA PERSONALIDAD CORRECTA PARA TRIUNFAR

Lo que he escrito a todo lo largo de esta obra se aplica para cualquier persona, tanto para el profesional como para el técnico, el empresario o el empleado.

No importa si eres médico, vendedor o maestro, si le puedes dar incremento de vida a los demás y hacer que se den cuenta de eso, serán atraídos hacia ti, y la prosperidad reinará en tu vida. El médico que tiene una imagen de sí mismo como la de un exitoso guardián de la salud de sus pacientes y que trabaja para la realización de esa visión con fe y propósito será increíblemente exitoso, los pacientes vendrán a él de manera continua.

No solo esto, sino que aquellos médicos que se aferren a una imagen de ellos mismos como exitosos y obedezcan las leyes de la fe, propósito y gratitud serán capaces de curar cualquier caso curable que se les presente.

El mundo está deseoso de ver estos principios expresados en todas las áreas, profesiones y actividades de la vida cotidiana. Necesitamos personas que no solo nos digan cómo lograr crear una vida de abundancia, sino que nos demuestren con su ejemplo de vida cómo es que ellas lo han logrado. Necesitamos que el guía en sí mismo sea próspero, enérgico y amado, de manera que nos pueda enseñar cómo desarrollar esos mismos estados de conciencia en nuestra vida.

Lo anterior también es válido para el maestro que inspire a sus alumnos con la fe y el propósito de mejorar y avanzar en la vida. Él nunca se quedará sin trabajo. Cualquier maestro que posea esta fe y propósito puede transferirlos a sus estudiantes. No puede evitar dárselos a ellos si es parte de su vida y de sus hábitos.

De igual manera, pueden hacer todas las personas, independientemente del trabajo, negocio o profesión en los que se estén desempeñando. La combinación de su enfoque mental y su acción decidida es infalible. Cada hombre y mujer que siga estas instrucciones constante y perseverantemente logrará el éxito y la libertad financiera. Lograr la riqueza es el resultado de un plan puesto en marcha, no el resultado de la suerte o las circunstancias.

El obrero encontrará que esto es cierto para él, así como lo es para los demás. No sientas que no tienes la oportunidad de hacerte rico porque trabajas donde no hay oportunidad visible de progreso, la paga es poca y el costo de vida alto. Forma tu imagen mental clara de lo que quieres, y empieza a actuar con fe y propósito.

Haz todo el trabajo que debes hacer cada día con excelencia y efectividad. Al mismo tiempo, mira que otras oportunidades de mejoramiento y crecimiento hay a tu alcance. Desarrolla los hábitos de éxito que sabes que te conducirán al éxito. Pon el poder del éxito y el propósito de hacerte rico en cada cosa que hagas.

Con todo, no hagas esto meramente para ganar el favor de tu empleador, con la esperanza de que él vea tu buen trabajo y te promueva, ya que es posible que no suceda. Hazlo porque, al hacerlo, estás creciendo, mejorando y atrayendo hacia ti mejores oportunidades que pronto te mostrarán el camino hacia la libertad financiera.

La persona que solamente es un "buen" trabajador, desempeñándose al alcance de sus habilidades y satisfecho con eso, tiene un mayor valor para su empleador donde se encuentra. No es de interés para su empleador promoverlo, ya que vale más en donde está.

Para asegurar el desarrollo, algo más es necesario que satisfacer las demandas de tu posición actual.

La persona que seguramente avanzará es la que da más de lo que su posición demanda, que tiene un concepto claro de lo que quiere ser, que sabe que lo puede lograr y que está decidida a ser lo que quiere ser.

No trates de llenar tu lugar actual con la idea de complacer a tu empleador. Hazlo con la idea de avanzar tú. Abraza la fe y el propósito de mejoramiento continuo durante las horas de trabajo, después de las horas de trabajo y antes de las horas de trabajo. Mantenlo de manera de que cada persona que entre en contacto contigo, ya sea un cliente, compañero de trabajo o amigo, sienta el poder del propósito irradiando de ti. La gente será atraída hacia ti y, si no hay la posibilidad de adelanto en tu trabajo actual, pronto verás la oportunidad en otro trabajo, otra profesión o desarrollando tu propio negocio.

Hay un poder que nunca falla en presentarle oportunidades a la persona que avanza y que se mueve siguiendo los principios del éxito. Ya has escuchado la orden: "ayúdate y yo te ayudaré". Si actúas de cierta manera, el universo conspirará para que triunfes.

No hay nada en tus condiciones actuales o en la situación de la economía que te pueda mantener abajo o te pueda detener para vivir la vida que quieres y mereces. Nadie está condenado a trabajar por poco. Los bajos sueldos durarán mientras la gente se conforme con poco, ignore las leyes del éxito financiero o les dé pereza practicarlas.

Adopta los principios de la abundancia. Cambia tu manera de pensar y actuar. Tu fe y propósito te harán ver prontamente cualquier oportunidad que te permita mejorar en tu posición. Esas oportunidades vendrán rápidamente, porque el poder supremo, trabajando para todos y trabajando para ti, las traerá y atraerá hacia ti.

No esperes por la "gran" oportunidad para ser todo lo que quieres ser. Cuando una oportunidad de ser más de lo que eres actualmente se te presente y te sientas inclinado a tomarla, tómala. Será el primer paso hacia una oportunidad aún más grande.

No existe en este universo el concepto de "falta de oportunidades" para la persona que avanza en la vida.

Es una ley inquebrantable del universo que la riqueza de toda naturaleza se mueve hacia aquellas personas que han desarrollado una mentalidad de prosperidad. Por lo tanto, deja que los que ganan el salario mínimo estudien estos principios con cuidado, que ejecuten con confianza la manera de actuar que prescriben y pronto comenzarán a ver un mejoramiento e incremento en sus ingresos. No fallará.

PRECAUCIONES Y OBSERVACIONES FINALES

Muchas personas seguramente se burlarán ante la idea de que exista una ciencia o un camino para lograr la riqueza. Si tienen la impresión de que la riqueza es un recurso limitado, insistirán en que las instituciones sociales y el gobierno deben ser cambiados antes de que un número considerable de gente pueda salir adelante.

Eso no es verdad. Es cierto que hay gobiernos que mantienen a su gente en la pobreza, pero esto es también porque la gente no piensa y actúa de cierta manera. Si ellos empiezan a avanzar como lo sugieren los principios presentados aquí, ni los sistemas sociales ni los gobiernos los podrán detener. De hecho, la historia nos muestra cómo los sistemas que mantienen a la gente reprimida no duran por siempre y con el tiempo desparecen. Lo cierto es que los sistemas están constantemente evolucionando hacia un estado que facilite cada vez más el progreso de las personas.

Todo individuo puede decidir actuar de la manera correcta en cualquier momento o lugar y bajo cualquier gobierno y lograr así la libertad financiera. Cuando un número considerable de individuos lo logren, ellos mismos se encargarán de que el sistema se modifique para que eso sea posible para más personas.

Por el momento, baste con saber que ni el gobierno bajo el cual vives ni el sistema económico reinante te pueden impedir cosechar la riqueza. Si de verdad deseas triunfar, si estás dispuesto a alimentar tu mente con los principios de éxito aquí presentados, y actúas con prontitud y constancia, nada ni nadie podrá detenerte para lograr todo aquello que deseas.

Recuerda que tu pensamiento debe ser mantenido en el plano creativo. Nunca debes traicionarte pensando que los recursos son limitados o actuar en el plano competitivo. Cuando caigas en estas viejas formas de pensamiento, corrígelas al instante.

No te pases el tiempo pensando cómo vas a hacer para cubrir ciertas emergencias en el futuro excepto cuando esos planes afecten tus acciones de hoy. Concéntrate en hacer las acciones de hoy de una manera exitosa y no en las emergencias que puedan venir mañana.

No te preocupes de cómo podrás sobreponerte a los obstáculos que puedan aparecer en el futuro de tu negocio a menos que esté claro que vas por el camino equivocado. Entonces, cambia tus planes para evitar errores innecesarios.

No importa qué tan grande pueda parecer un obstáculo a la distancia. Encontrarás que, si continúas actuando de la manera correcta y avanzas con firmeza y decisión, el obstáculo desaparecerá a medida que te acerques o aparecerá un camino alterno para superarlo.

Ninguna combinación de circunstancias y eventos fortuitos te podrán detener de triunfar si has tomado la decisión firme de lograr la libertad financiera. Ningún hombre o mujer que obedezca los principios del éxito puede fracasar.

Evita perder el tiempo con preocupaciones vanas, posibles desastres, obstáculos o pánicos. Ya habrá tiempo para solucionar cada problema que se te presente, puesto que cada dificultad trae consigo la solución al problema.

Cuida tu manera de hablar. Nunca hables de ti mismo, tus asuntos o de algo más en términos derogatorios o de una manera que denote duda, pesimismo o una pobre autoestima.

Nunca admitas la posibilidad de fracaso. Que tus palabras no den señal de que para ti el fracaso es una posibilidad.

Nunca hables de que estás pasando por tiempos difíciles o que tu negocio está enfrentando alguna crisis. Los tiempos pueden ser difíciles y los negocios que operan en el plano competitivo frecuentemente están en crisis, pero ese no es tu caso, puesto que tú operas en el plano creativo.

Entrena tu mente para pensar y mirar el mundo como algo que se está desarrollando, que está creciendo. Solo ve lo malo como algo que todavía no se desarrolla. Siempre habla en términos de desarrollo. Hacerlo de otra manera es negar tu fe, y negar tu fe es perderla.

Nunca le abras espacio en tu mente a la desilusión. Puedes esperar tener cierta cosa en cierto tiempo y no obtenerla, y puede parecerte un fracaso. Si mantienes tu fe, verás que no has fracasado. Sigue actuando de la manera correcta y descubrirás que las cosas suceden cuando deben suceder, no siempre cuando esperamos que sucedan. En algunas ocasiones, es posible que no logremos lo que queríamos, pero, si te mantienes firme a tu propósito, llegarán éxitos aún más grandes en su lugar.

Si mantienes tu fe, te aferras a tu propósito y haces cada día todo lo que puedas de la manera más exitosa, nunca faltarán las oportunidades.

Recuerda esto: nunca fracasarás porque no poseas el talento suficiente para lograr lo que quieres. Dentro de ti se encuentra la semilla de grandeza necesaria para triunfar. Si avanzas como te lo indica esta obra, desarrollarás todo el talento necesario para triunfar en cualquier cosa que te propongas.

La misma fuente de habilidad que le permitió al joven Abraham Lincoln aprender todo cuando necesitaba aprender, sin haber tenido mucha educación escolar, y que lo llevó a convertirse en uno de los estadistas de mayor trascendencia en la historia de Estados Unidos, está a tu disposición. Lo único que necesitas es mantener tu entusiasmo y no permitir que tu fe se debilite.

EPÍLOGO

Un pensamiento es una sustancia concreta, produce resultados concretos y afecta nuestra mente y cuerpo de maneras muy específicas. Muchas personas erróneamente creen que los pensamientos son cosas triviales que no tienen mayor efecto en nuestra vida o nuestro éxito. Lo cierto es que nuestra mente tiene la capacidad de crear aquella realidad representada o imaginada por cada uno de nuestros pensamientos.

Todo ser humano puede formar ideas, impregnarlas de fe y propósito, y, por medio de una acción decidida, causar la creación de aquello que había imaginado. Sin embargo, para lograr esto, debe pasar del pensamiento competitivo al pensamiento creativo. De otra manera, no puede estar en armonía con el universo, el cual es creativo y nunca competitivo en espíritu.

Para vivir en completa armonía debemos mantener una gratitud viva y sincera por todo aquello que recibimos. Debemos formar una imagen mental clara y precisa de todo aquello que deseamos tener, hacer o ser, y mantener esta imagen mental en nuestro pensamiento mientras agradecemos por anticipado que todas nuestras metas estén en proceso de ser realidad.

La persona que desea lograr la libertad financiera debe pasar sus horas libres visualizando sus sueños y metas. No debemos desestimar la gran importancia que esto tiene al juntarse con una fe inquebrantable y una gratitud permanente. Este es el proceso mediante el cual dicho deseo es enviado al universo y las fuerzas creativas son puestas en movimiento.

Para poder recibir lo suyo cuando le llegue, la persona debe utilizar siempre su potencial al máximo y estar dispuesta siempre a dar más de lo que su trabajo o posición demanda. Debe mantener en su mente el propósito de vivir una vida de abundancia y debe hacer, cada día, todo lo que pueda hacer ese día, cuidando de realizar cada actividad de la manera más efectiva y excelente posible. A cada persona con la cual esté involucrada en cualquier tipo de transacción, debe dar un valor mayor del que recibe para que cada transacción genere más abundancia para todas las partes involucradas.

Los hombres y mujeres que practiquen estas instrucciones con toda seguridad lograrán la libertad financiera que tanto anhelan. No obstante, no podemos olvidar que las riquezas que recibamos van a ser en proporción exacta a qué tan definidas sean nuestras metas, qué tan clara esté esa visión grabada en nuestra mente, qué tan firme sea nuestro propósito, nuestra fe, y qué tan profundo nuestro espíritu de gratitud.

Tengo la absoluta certeza de que, si pones en práctica estos principios del éxito financiero, tú también pronto estarás caminando por el sendero que conduce a la riqueza y el éxito.

FIN

Cómo obtener lo que quieres

WALLACE D. WATTLES

DEFINICIÓN DEL ÉXITO

Empezaré este texto definiendo lo que significa el éxito de tal manera que sea evidente para ti cómo conseguirlo. Después de leer estas páginas, te resultará claro que el éxito está a tu alcance.

Conseguir lo que deseas es el éxito. El éxito es un efecto que proviene de aplicar una causa. *El éxito es esencialmente lo mismo en todos los casos, la diferencia está en las cosas que la gente exitosa quiere (no en el éxito).*

El éxito es esencialmente lo mismo, sin importar si resulta en el logro de la salud, la riqueza, el desarrollo o la posición. El éxito es el logro, sin tener en cuenta las cosas logradas. Es ley natural que causas iguales producen efectos iguales. Por lo tanto, como el éxito es el mismo en todos los casos, la causa del éxito debe ser la misma en todos los casos.

La causa del éxito está siempre en quien tiene éxito. Esto es cierto, porque si la causa estuviera en la naturaleza, fuera de la persona, entonces todas las personas en situaciones similares tendrían éxito.

La causa del éxito no está en el entorno del individuo, porque, si así fuera, todos aquellos dentro de un radio determinado serían exitosos y el éxito se reduciría a una cuestión de vecindad. Sin embargo, vemos que personas cuyos entornos son prácticamente iguales y viven en el mismo lugar nos muestran todos los grados de éxito y fracaso. Por lo tanto, sabemos que la causa del éxito debe estar en el individuo y no en otra parte.

Es matemáticamente seguro que puedes tener éxito si encuentras la causa del éxito, la desarrollas con suficiente fuerza y la aplicas adecuadamente a tu trabajo. Esto es así porque aplicar una causa suficiente no puede dejar de producir un determinado efecto. Si hay un fracaso de cualquier tipo, en cualquier lugar, es porque la causa no era suficiente o no se aplicó correctamente.

La causa del éxito es un poder dentro de ti. Tú tienes la facultad de desarrollar cualquier poder en un grado ilimitado, debido a que no existe fin para el crecimiento mental. Puedes aumentar indefinidamente la fuerza de este poder y hacer que sea lo suficientemente fuerte para hacer lo que quieres hacer y conseguir lo que quieres conseguir. Cuando eres lo bastante fuerte, puedes aprender cómo aplicarlo al trabajo y así, sin duda, tener éxito. Todo lo que tienes que aprender es qué causa el éxito y cómo debe ser aplicado.

Es esencial el desarrollo de las facultades especiales que requiere tu trabajo. No esperamos que alguien tenga éxito como músico sin desarrollar la facultad musical; y sería absurdo esperar que un maquinista tenga éxito sin desarrollar la facultad mecánica, que un clérigo tenga éxito sin desarrollar la comprensión espiritual y el uso de la palabra o que un banquero tenga éxito sin desarrollar la facultad de las finanzas. En la elección de un negocio, debes elegir aquel que te exigirá usar tus facultades más desarrolladas.

Si tienes habilidad mecánica y no estás inclinado a lo espiritual ni tienes buen dominio del lenguaje, no trates de predicar. Si tienes gusto y talento para combinar colores y tejidos para crear hermosos sombreros y vestidos, no aprendas mecanografía: entra en un negocio en el cual utilices tus fortalezas y desarrolla tus aptitudes todo lo que puedas. Pero ni siquiera esto es suficiente para asegurar el éxito.

Hay gente con talento musical que fracasa como músico; con buena capacidad mecánica que fallan como carpinteros, herreros y mecánicos; con profunda espiritualidad y uso fluido del lenguaje que fallan como clérigos; con mente abierta y lógica que fallan como abogados y así sucesivamente. Las facultades o aptitudes especiales utilizadas en tu trabajo son tus herramientas. Por eso, debes asegurarte de que tus herramientas son las mejores y mantenerlas en las mejores condiciones. Puedes cultivar cualquier facultad en cualquier medida que desees, pero el éxito no depende solo de tener buenas herramientas: depende del poder que utilizas y aplicas sobre ellas.

Usar la facultad musical causa éxito en la música, usar la facultad mecánica causa éxito en actividades mecánicas, aplicar la facultad financiera causa éxito en la banca y así sucesivamente. Ese "algo" que se aplica a estas facultades o que causa que se apliquen es la fuente del éxito. Las facultades son herramientas, el usuario de las herramientas eres tú mismo. Eso dentro de ti que te hace utilizar las herramientas de la forma correcta, en el momento adecuado y en el lugar adecuado es la causa del éxito. ¿Qué es ese "algo" en la persona que le hace usar sus facultades con éxito?

Qué es y cómo desarrollarlo será explicado más adelante. Pero antes, debes leer esta sección varias veces para que fijes en tu mente la lógica inexpugnable de la declaración de que puedes tener éxito. Tú puedes, y si estudias el argumento anterior, te convencerás de que puedes. Convencerte de que puedes tener éxito es el primer requisito para el éxito.

EL "ALGO" DE LOS QUE TIENEN ÉXITO

Las facultades o aptitudes de la mente humana son las herramientas con las que se alcanza el éxito. La correcta aplicación de estas herramientas para tu trabajo o negocio es lo que hará que lo ejecutes con éxito y consigas lo que quieres. Unos pocos tienen éxito porque usan sus facultades con éxito. La mayoría, con facultades igualmente buenas, fallan porque las utilizan sin éxito.

Hay un algo en la persona que logra el éxito que le permite utilizar sus facultades adecuadamente, y ese algo debe ser cultivado por todos los que tienen éxito. La pregunta es: ¿de qué se trata? Es difícil encontrar una palabra que lo exprese sin inducir a error.

Este *algo* es la compostura o equilibrio, y esta compostura o equilibrio es la paz y el poder combinado. Pero es más que eso. La compostura es una condición, y el algo es tanto acción como condición. El *algo* es la fe, pero es más que la fe como se entiende comúnmente: la acción de creer cosas que no se pueden probar. El *algo* que causa el éxito es más que eso. Es conciencia de poder activa: es energía activa de la conciencia.

La conciencia de poder es lo que sientes cuando sabes que puedes hacer una cosa y sabes *cómo* hacerla. Si puedo lograr que sepas que puedes tener éxito y que te enteres de cómo obtenerlo, he puesto el éxito a tu alcance. Cuando estás en plena conciencia de poder, abordarás la tarea en un marco mental de éxito absoluto. Cada pensamiento será una idea exitosa, cada acción una acción eficaz. Si cada pensamiento y cada acción tiene éxito, la suma total de todas sus acciones no pueden ser el fracaso.

Lo que tengo que hacer es, entonces: primero, enseñarte cómo crear conciencia de poder en ti mismo, de modo que sepas que puede hacer lo que quieres hacer. Y, segundo, enseñarte a hacer lo que quieres hacer. Vuelve a leer la sección anterior. Aquí se prueba mediante lógica que puedes tener éxito. Además, demuestra que todo lo que está en la mente de otros está en tu mente y la diferencia (si existe), está en el desarrollo. Es un hecho en la naturaleza que lo que no se ha desarrollado es siempre capaz de desarrollo. Vemos entonces que la causa del éxito está en ti y es capaz de desarrollarse plenamente.

Después de leer esto, debes creer que es posible para ti tener éxito. Pero no es suficiente que creas que puedes: ¡debes saber que puedes! Y la mente subconsciente tiene que saberlo de la misma manera que la mente objetiva.

La gente dice "aquel que cree que puede, sí puede". Esto no es cierto. Tampoco es cierta la afirmación "aquel que sabe que puede, sí puede". En ese caso, solo nos referimos a la mente objetiva, pues la mente subconsciente a menudo deja completamente de lado y supera lo que la mente objetiva "sabe". Lo que sí es una declaración verdadera es que aquel cuya mente subconsciente sabe que puede, sí puede. Y esto es especialmente cierto si tu mente objetiva ha sido entrenada para hacer el trabajo.

La gente fracasa porque creen (objetivamente) que pueden hacer las cosas, pero subconscientemente no saben que las pueden hacer. Es muy probable que tu mente subconsciente aún esté llena de dudas acerca de tu capacidad para el éxito y estas dudas deben ser removidas, de lo contrario, no liberarás tu poder cuando más lo necesites. El subconsciente es la fuente de la que proviene el poder en la acción de cualquier facultad. La duda hará que el poder sea retenido y la acción será débil. Por lo tanto, el primer paso debe ser impregnar a tu subconsciente con el hecho de que tú puedes.

Lo anterior debe hacerse a través de reiteradas sugerencias. Practica el siguiente ejercicio mental varias veces al día y, sobre todo, justo antes de irte a dormir. Piensa en voz baja acerca de la mente subconsciente que impregna todo el cuerpo como el agua impregna una esponja. Mientras piensas en esta mente, trata de sentirla. Pronto serás capaz de tomar conciencia de ella. Mantén esta conciencia y di con profunda sensación de seriedad:

"¡Yo puedo tener éxito! Todo lo que es posible para cualquiera es posible para mí. Soy exitoso. Tengo éxito porque estoy lleno del poder del éxito."

Esta es la simple verdad. Reconoce que es verdad y repítelo una y otra vez hasta que tu mente esté saturada hasta la médula con el conocimiento de que puedes hacer lo que quieres hacer.

Tú puedes, otras personas lo han hecho. Y tú puedes hacer más de lo que cualquiera haya hecho nunca, porque nadie jamás ha utilizado todo el poder que es capaz de ser utilizado. Está dentro de tu poder lograr un mayor éxito en tu negocio del que nadie ha logrado antes.

Practica esta autosugestión por un mes con persistencia y comenzarás a saber que tienes dentro tuyo aquello que se necesita para lograr lo que quieres. Entonces, estarás listo para la próxima sección que te dirá cómo proceder para hacer lo que quieres hacer. No olvides que es absolutamente esencial que primero grabes en la mente subconsciente el conocimiento de que tú puedes.

LA MANERA CORRECTA DE CONSEGUIR LO QUE SE QUIERE

Después de haber llenado tu mente, consciente y subconsciente, con la fe de que puedes conseguir lo que quieres, la siguiente pregunta es en cuanto al método.

Tú sabes qué puedes hacerlo si procedes en la cierta manera correcta, pero, ¿cuál es esa cierta manera?

Lo cierto es que, para conseguir más, debes usar lo que tienes en forma constructiva.

Como no puedes usar lo que no tienes, tu problema es entonces cómo usar lo que tienes de la forma más constructiva.

No pierdas tiempo considerando cómo usarías ciertas cosas si las tuvieras. Considera, simplemente, cómo usar lo que tienes.

Además, vas a progresar más rápido si haces el uso más perfecto posible de lo que tienes. De hecho, la rapidez con que lograrás lo que quieres depende de la perfección con la cual uses lo que tienes. Mucha gente está en un punto muerto o las cosas vienen hacia ellos muy lentamente, porque están haciendo solo un uso parcial de los recursos, el poder y las oportunidades actuales.

Podrás ver este punto más claramente considerando una analogía en la naturaleza. En el proceso de la evolución, las ardillas desarrollaron al máximo su poder de saltar. Luego, un esfuerzo continuo para seguir avanzando hizo surgir la ardilla voladora, que tiene una membrana que une las patas formando un paracaídas, y permiten que el animal vuele una distancia mayor que un salto normal. Una pequeña extensión del salto en paracaídas de la ardilla voladora produjo el murciélago, que tiene alas membranosas y puede volar. El vuelo continuo produjo el pájaro con plumas en las alas.

La transición de un plano a otro se llevó a cabo simplemente a través del perfeccionamiento y ampliación de funciones. Si las ardillas no hubieran seguido saltando cada vez más y más, no habrían surgido ardillas voladoras ni poder de vuelo alguno. Hacer un uso constructivo del poder del salto produjo el vuelo. Si estás saltando solo la mitad de lo que puedes, nunca volarás.

En la naturaleza, vemos que la vida se supera y avanza de un nivel a otro mediante el perfeccionamiento de la función en el nivel inferior. Cada vez que un organismo contiene más vida de la que puede expresar funcionando perfectamente en su propio nivel, comienza a realizar funciones del nivel superior. La primera ardilla que comenzó a desarrollar la membrana paracaídas debe haber sido una perfecta saltadora. Este es el principio fundamental de la evolución y de todos los logros.

Entonces, según este principio, puedes avanzar solo cuando vas más allá de lo que ocupa o llena tu lugar actual. Debes hacer perfectamente todo lo que puedes hacer ahora y, por ley, al hacer perfectamente todo lo que puedes hacer ahora, podrá hacer más adelante cosas que aún no puedes hacer.

El hacer algo a la perfección invariablemente nos equipa para realizar la cosa más grande siguiente, porque es un principio propio de la naturaleza que la vida avance continuamente.

Toda persona que hace algo perfectamente es presentada, de inmediato, con la oportunidad de comenzar a hacer la próxima cosa más grande. Esta es la ley universal de toda vida y es infalible.

Primero, debes hacer perfectamente todo lo que puedes hacer ahora y seguir haciéndolo a la perfección hasta que hacerlo llegue a ser tan fácil que se tenga energía de sobra después de hacerlo. Luego, gracias a este excedente de energía, obtendrás trabajo en un nivel más alto y empezarás a extender tu correspondencia con el entorno.

Entra en un negocio que utilice tus mejores facultades, incluso si debes comenzar desde abajo, y luego desarrolla esas facultades al máximo. Cultiva la conciencia de poder para que puedas aplicar tus facultades con éxito, y aplícalas en hacer perfectamente todo lo que puedes hacer ahora, donde estás ahora.

No esperes un cambio de entorno, porque podría no llegar nunca. Tu única forma de llegar a un mejor entorno es hacer un uso constructivo de tu entorno actual. Solo el uso más completo de tu entorno actual te colocará en uno más deseable.

Si deseas ampliar tu negocio actual, recuerda que solo puedes hacerlo ejecutando los negocios que tienes actualmente de la forma más perfecta posible. Cuando pones en tu negocio suficiente vida para "más que llenarlo", el excedente te hará obtener más negocios. Recuerda que no debes tratar de obtener más hasta que tengas vida de sobra después de hacer perfectamente todo lo que tienes que hacer ahora. No es ventajoso tener más trabajo o más negocios de los que puedes hacer perfectamente, y si ese es el caso, aumenta tu poder vital primero. Es la perfección con la que haces lo que tienes que hacer ahora lo que extiende tu campo y te trae en contacto con un entorno más amplio.

Ten en cuenta que la vida es la fuerza motivadora que te hace obtener lo que quieres, y eso que quieres, en última instancia, es solo una oportunidad de vivir más. Por tanto, puedes conseguir lo que quieres solo a través de la operación de esta ley universal por la cual toda la vida avanza continuamente hacia una expresión más plena.

Esa ley dice que, cuando un organismo tiene más vida de la que puede expresar funcionando perfectamente en un plano dado, su vida excedente lo eleva hasta el siguiente plano. Cuando pones suficiente de ti mismo en tu trabajo actual para hacerlo a la perfección, tu energía excedente extenderá tu trabajo a un campo más grande. Por eso es esencial que tengas en mente lo que quieres, de modo que tu excedente de energía pueda ser dirigido en la dirección correcta. No dejes que lo que tratas de lograr interfiera con el hacer perfectamente lo que tienes que hacer ahora.

Tu concepto claro de lo que estás tratando de lograr es una guía para tus energías, y la inspiración para que las apliques al máximo a tu trabajo perfecto. Vive para el futuro ahora. Supón que tu deseo es tener una tienda por departamentos y solo tienes el capital suficiente para iniciar una venta de maní. No trates de poner una tienda de departamentos hoy con el capital para una venta de maní. Inicia la venta de maní con la fe y la confianza de que serás capaz de desarrollarla en un gran almacén. Ve el puesto de venta de maní solamente como el comienzo de un gran almacén y házlo crecer. Tú puedes.

Obtén más negocios usando constructivamente el negocio que tienes ahora. Consigue más amigos usando de manera constructiva los amigos que tienes actualmente. Consigue una mejor posición usando constructivamente la que tienes ahora. Consigue más felicidad doméstica mediante el uso constructivo del amor que ya existe en tu casa.

SÉ LO MEJOR EN CADA COSA QUE HAGAS

Puedes obtener lo que deseas solo con la aplicación de tus facultades a tu trabajo y a tu entorno. Puedes llegar a aplicar tus facultades con éxito al adquirir conciencia de poder. Si sigues adelante concentrándote en el trabajo de hoy y haces perfectamente todo lo que puedes hacer en el presente, lo lograrás. Puedes obtener lo que deseas en el futuro solo si concentras todas tus energías en usar constructivamente aquello con lo que estás en relación hoy. Un uso a medias o indiferente de los elementos en tu entorno de hoy va a ser fatal para el logro de mañana.

No desees para hoy lo que está más allá de tu capacidad de conseguir hoy, pero asegúrate de obtener hoy lo mejor que puedes obtener. Nunca tomes menos de lo mejor que puedes tener en el momento presente, pero no pierdas energía deseando lo que no puede tener hoy. Si siempre tienes lo mejor que se puede tener, cada vez tendrás cosas mejores y mejores, porque es un principio fundamental en el universo que la vida continuará avanzando hacia más vida y hacia el uso de más y mejores cosas. Este es el principio que causa la evolución. Si quedas satisfecho con menos de lo mejor que puedes tener, dejarás de avanzar.

Cada transacción y relación de hoy, ya sea de negocios, doméstica o social, debe ser convertida en un paso hacia lo que deseas en el futuro. Para lograr esto, debes poner en cada una de ellas más que suficiente vida como para ocuparlo o llenarlo por completo. Debes haber excedente de energía en todo lo que haces. Este excedente de energía es lo que hace que avances y consigas lo que quieres. Donde no hay energía de sobra, no hay avance y no hay logro. Es ese excedente de vida más allá de las funciones del entorno actual lo que causa la evolución. La evolución es avanzar hacia más vida o conseguir lo que quieres.

Supongamos, por un instante, que eres comerciante o profesional y deseas incrementar tu negocio. No vas a lograrlo si vendes tus productos o servicios como si fuera una simple operación rutinaria, tomando el dinero del cliente, dándole un valor a cambio y dejándolo ir con la sensación de que no tenías un interés en el asunto más allá de darle un trato justo a cambio de una ganancia. A menos que él sienta que tienes un interés personal en él y en sus necesidades, y que estás sinceramente deseoso de aumentar su bienestar, habrás fracasado y perdido terreno. Cuando puedes hacer que cada cliente sienta que realmente estás tratando de respetar sus intereses, así como los propios, tu negocio crecerá. Para lograrlo, no es necesario dar premios o dar más peso o mejores precios que otros. Lo que tienes que hacer es poner vida e interés en cada transacción, por pequeña que sea.

Si desea cambiar tu vocación, haz de tu empresa actual un trampolín para lo que deseas. Mientras estás en tu negocio actual, llénalo de vida. El excedente se irá hacia lo que deseas. Toma un interés directo en cada hombre, mujer y niño que conozcas en negocios o en forma social, y deséales sinceramente lo mejor. Ellos pronto comenzarán a sentir que el progreso tuyo es un asunto de interés para ellos y se unirán a tus pensamientos para tu bien. Esto formará una batería de poder en tu favor y abrirá vías de avance para ti.

Si eres empleado y deseas una promoción, pon vida en todo lo que haces. Pon vida e interés más que suficientes para llenar cada parte de tu trabajo. Pero no seas servil. No seas un lacayo y, sobre todas las cosas, evita usar tu intelecto para lo que no es correcto solo por dinero (vicio de nuestro tiempo en muchos oficios y profesiones).

Con esto quiero decir que no seas un mero justificador a sueldo y defensor de la inmoralidad, corrupción, deshonestidad o vicio en cualquier forma.

Respétate a ti mismo. Sé absolutamente justo con todos. Pon vida en cada acto y pensamiento y fija el pensamiento consciente de poder en el hecho de que tienes derecho a la promoción. Esta vendrá en cuanto puedas más que ocupar tu lugar presente cada día. Si no viene de tu empleador presente, vendrá de otro. Es la ley que todo aquel que ocupa más de su actual lugar, avanzará. Sin esta ley, no puede haber evolución ni progreso. Ahora, marca bien esto: *no es suficiente solo poner excedentes de vida en tus relaciones de negocios. No llegarás muy lejos si eres un buen hombre de negocios o empleado, pero un mal marido, un padre injusto o un amigo poco confiable. Tu fracaso en estos aspectos te hará incapaz de usar tu éxito para avanzar en la vida, y no caerás bajo la operación de la ley constructiva.*

Mucha gente que cumple la ley en los negocios no progresa, porque es cruel con su esposa o marido, o deficiente en alguna otra relación de la vida. Para entrar en la operación de la fuerza evolutiva, debes más que llenar cada relación presente.

Un operador deseaba alejarse de las teclas y obtener una granja pequeña. Empezó a moverse en esa dirección al comenzar a ser "bueno" con su esposa. Él la "cortejó" a ella, sin ninguna referencia a su deseo. Desde la indiferencia, ella comenzó a interesarse y estaba ansiosa por ayudar. Pronto, tuvieron un pedacito de tierra en el borde de la ciudad, y ella crio aves de corral y supervisó un jardín mientras él "pulsaba las tecla". Ahora tienen una granja y han cumplido su deseo.

Puedes asegurar la cooperación no solo de tu marido o esposa, sino de todas las personas que te rodean, poniendo vida e interés en todas tus relaciones con ellos. Pon en toda relación (de negocios, doméstica o social), más que suficiente vida para llenar esa relación. Ten fe, que es conciencia de poder. Conoce lo que quieres en el futuro, pero ten hoy lo mejor que puedas tener hoy. Nunca estés satisfecho en cualquier momento dado con menos de lo mejor que se puede tener en ese momento. Nunca desperdicies energía en desear lo que no se puede tener ahora. Usa todas las cosas para el avance de la vida para ti y para todos con los que estás relacionado de alguna manera. Sigue estos principios de acción y no podrás fallar en obtener lo que deseas, porque el universo está construido de manera que todas las cosas trabajan juntas para tu bien.

CONSIDERACIONES FINALES

La cultura de riqueza consiste en hacer uso constructivo de las personas y las cosas en tu entorno.

Entonces, en primer lugar, obtén un cuadro mental claro de lo que quieres. Si tu negocio actual o profesión no es la más adecuada a tus aptitudes y gustos, decide cuál es la más adecuada, y decide entrar en ese negocio o profesión y obtener el mayor éxito en él. Forma una idea clara de lo que quieres hacer, házte un concepto mental del éxito total en ese negocio o profesión y determina que lo lograrás. Dedica mucho tiempo a formar este concepto o imagen mental: entre más claro y definido sea, más fácil será tu trabajo. Quien no está muy seguro de lo que quiere construir, tolerará una estructura débil y tambaleante.

Conoce lo que quieres y mantén esa imagen en el fondo de tu mente noche y día. Deja que sea como una foto en la pared de tu habitación, siempre en tu conciencia, día y noche. Y entonces comienza a moverte hacia ella. Recuerde que, si no tienes el talento desarrollado plenamente ahora, lo puedes desarrollar a medida que avanzas. De seguro, puedes hacer lo que quieras hacer.

Es probable que actualmente no puedas hacer lo que quieres hacer, porque no estás en el entorno adecuado ni tienes el capital necesario. Sin embargo, esto no te impide empezar a avanzar hacia el entorno adecuado y a adquirir capital. Recuerda que avanzas solo haciendo lo que puedes en tu entorno actual. Supongamos que tienes el capital suficiente solo para un puesto de periódicos, y tu gran deseo es ser dueño de una tienda por departamentos. No existe un método mágico para operar con éxito esa tienda con el capital de un puesto de periódicos.

Sin embargo, hay un método de la ciencia mental mediante el cual puedes operar un puesto de periódicos haciéndolo que crezca hasta llegar a ser una tienda de departamentos. Se logra al considerar que tu puesto de periódicos es un departamento de la tienda que vas a tener. Fija tu mente en la tienda por departamentos y comienza a asimilar el resto de ella. Lo conseguirás si haces que cada acto y pensamiento sea constructivo. *Para hacer que cada acto y pensamiento sea constructivo, cada pensamiento debe transmitir la idea de incremento.*

Constantemente, mantén en mente la idea del avance. Convéncete de que estás avanzando hacia lo que quieres, actúa y habla en esta fe. Entonces, cada palabra y cada acto transmitirá la idea de avance e incremento a otros, y ellos serán atraídos a ti. Siempre recuerda que lo que todas las personas están buscando es el incremento.

En primer lugar, estudia todo lo que se refiere a la idea de la "gran abundancia" hasta que aceptes que hay riqueza para ti y que no tienes que tomar esta riqueza de ninguna persona. Evita el espíritu competitivo. Puede verse fácilmente que hay abundancia ilimitada. Hay suficiente para ti sin robarle a nadie. Entonces, sabiendo que el propósito de la naturaleza es que debas tener lo que quieres, reflexiona sobre el hecho de que lo puedes conseguir solo mediante tus actos.

Considera que solo puedes actuar sobre tu entorno actual y no trates de actuar ahora sobre tu entorno futuro. Recuerda que, al actuar sobre tu entorno actual, debes convertir cada acto en un éxito en sí mismo. Al hacer esto, debes poseer el propósito de conseguir lo que quieres.

Puedes mantener este propósito solo a medida que tengas una imagen mental clara de lo que quieres. Asegúrate de tenerla. Además, recuerda que tus acciones no tendrán poder dinámico de movimiento a menos que tengas una fe inquebrantable de que obtendrás lo que deseas.

Forma una imagen mental clara de lo que quieres. Mantén el propósito de conseguirlo. Haz todo perfectamente, no en un espíritu servil, sino porque eres una mente maestra. Mantén una fe inquebrantable en el logro final de tu meta. Así, no podrás fallar en avanzar.

FIN

www.ingramcontent.com/pod-product-compliance
Lightning Source LLC
Chambersburg PA
CBHW030515080526
44586CB00011B/194